生きづらさを抱えるきみへ

まえがき

この本に書かれているのは、成功した人の物語ではありません。どうやって逃げたか、どうしたら逃げられるのか、その方法を集めた、ちょっと変わった本です。

学校や普段の生活に生きづらさを感じている人のために、どんな情報が必要か考えた時、たどり着いたのが「逃げ方を集めること」でした。逃げるという言葉には後ろ向きな印象を持つ人がいるかもしれません。本当にそうでしょうか？　今の環境を当たり前だと思わず、自分に合った物差しを探すため、いったん離れようと動いてみる。これは、とても前向きで創造的な行動です。

逃げるためには準備が必要です。まず逃げてもいいということに気づかなければいけません。他の人と違う行動をすることに抵抗をおぼえるのは、当たり前の感覚です。この本を読めば、世の中、多少、逃げたって何とかやっていけるかもしれないということがわかると思います。

本の中には、たくさんの逃げ方が紹介されています。テレビで活躍している人の意外な過去に驚くかもしれません。教室から抜け出しユーチューバーとして活躍している人もいます。どれも読み応えのある話ばかりですが、まねする必要はありません。紹介しておいて無責任に聞こえるかもしれませんが、大事なのは、逃げるという選択肢の存在を知ってもらうことです。

サッカーだと聞いていたのに、その試合が勝手にバスケに変更されていたら、プレーしていても面白いはずがありません。反則ばかり取られて、チームからは孤立するでしょう。でも、それって出る試合を間違えているだけで、約束通りサッカーの試合をしてくれていたら、活躍できたかもしれません。そんな時、試合が終わるのを待つだけでなく、グラウンドを飛び出したっていいんです。だって約束が違うのだから。隣のフィールドでは、足りないメンバーを待っている仲間がいるかもしれません。

でも、試合をしている最中は、目の前のボールしか見えないものです。一生懸命、追いかけようとすればするほど歯車がかみ合わなくなっていく。そんな時、コートの外に目を向けてください。「ちょっと、そこのあなた！ 出る試合、間違っているよ！」と手を振っている人がいるかもしれません。

本に登場する逃げた人たちには共通点があります。それは、誰かを頼っていることです。身近な人に助けられた人もいれば、会ったこともない人が投稿したツイッターの文章に救われた人もいます。頼るという言葉からは、大げさな印象を受けるかもしれませんが、そんなに難しく考える必要はありません。「このゲーム何か変だな？」と思った時、顔をあげて周りを見渡す。それをするかしないかの違いでしかありません。

いつでも逃げ出せることを知ったなら、昨日と同じような生活が続いたとしても、何も変わっていないように見えても、それは、すでに、大きな一歩を踏み出しています。

そして、本当に逃げようと思ったら、本に載っている相談窓口に連絡してみてください。窓口はたくさんあります。もし、最初に連絡したところがピンとこなかったら別の窓口に変えてみてください。誰かに話をすることで、自分でも気づかなかった悩みの正体が見えてくることがあります。

世の中には色々な逃げ方があります。自分一人の頭では考えつかないヒントがたくさん転がっています。本に出てくる逃げ方はその一例に過ぎません。色んな逃げ方を知ることで、自分なりの逃げ方を探し出すきっかけが見つかるはずです。

一緒に「正しい逃げ方」を見つけにいきましょう。

withnews編集長・奥山晶二郎

目次

戦慄かなのさん

「子どもは絶対に悪くない」虐待を受け非行、少年院で出会った先生

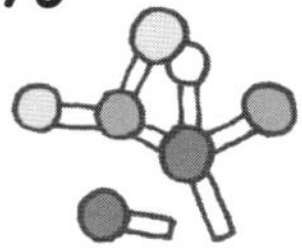

大学生でアイドルの戦慄《せんりつ》かなのさん（20）は、虐待を受けて非行に走り、少年院に入った経験があります。反抗をしていた時、本気でぶつかってくれた先生との出会いから、児童虐待の解決を目指す活動を始めます。戦慄さんは、悩んでいる若者に「周りの大人に相談してみてほしい」と呼びかけます。

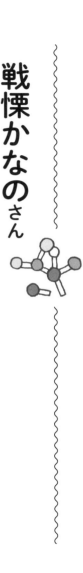

Twitter：@CV_Kanano

撮影：恵原弘太郎

戦慄かなの（せんりつ・かなの）
1998年生まれ。大学に通いながら、少年院出院者であることを明かしてアイドルとして活動中。

戦慄さんは、虐待を受けて非行に走り、少年院に入りました。助けを求めても届かず、生きる意味を見失ったこともありましたが、信頼できる大人に出会って前を向けるようになったといいます。そんな自分だからこそ同じような境遇の子に寄り添えるのではないかと、虐待を受けた子どもが相談できる場所や生きやすくなる仕組みづくりを目指し、ＮＰＯを設立しました。

戦慄さんが小学校に進んだ時に両親が離婚。母と妹と３人で暮らし始め、激しい虐待を受けるようになりました。意に沿わないことがあると木の棒でお尻をたたかれ、ミミズ腫れが絶えませんでした。入浴や歯磨きなどの生活習慣を教えてもらえず、ネグレクトの状態になります。小３の夏休み、母が１週間帰ってこなかった時のことが忘れられないそうです。

「テーブルに５千円を置いて、母は旅行に行ってしまった。１週間も帰らないとは思わなかったから、初日にお菓子を買って半分くらい使ってしまって。最後のほうは水道水を飲むだけ。誰かに助けを求めることもできず、家から出るのが怖くて、ひたすら待っていた。でも怒りはなくて、『お母さんが死んでいたらどうしよう』って心配でした」

「学校で相談窓口の紙が配られたことがあったけど、怖くて電話できなかった」。幼い頃に母から虐待を受けた戦慄さん。昨年、問題解決へ向けてNPOを立ち上げたきっかけは何だったのでしょうか。

小学校4年生の時に激しい動悸《どうき》や手足の震えをともなう「パニック障害」となり、精神的に不安定な状態でした。小学校で「殴る蹴るがひどい」と打ち明けたことはありましたが、教員が解決に向けて動いてくれた様子は感じなかったそうです。戦慄さん自身、虐待を受けているという自覚は乏しかったといいます。

「お母さんとすごく距離が近かったんですよ。私も優等生じゃなかったから、お母さんが100%悪いとも思えなかった。ボコボコに殴られた後に『ごめんね』とハグされたこともあった。学校で虐待の相談窓口が書かれた紙が配られたことがあったけど、怖くて電話できなかった。大ごとになって、お母さんがどこかに連れて行かれたらどうしようという不安もあるし」

中学生になると、非行に走ります。金を稼ぎたいと、万引き集団に加わりました。割に合わないと気づき辞めたいと思っても、次第に辞めにくくなったそうです。生きる意味も、将来の目標もなく、「早く消えたい」と思いました。高校に入ると、JKビジネスに手を染めます。児童相談所の一時保護所を経て、16歳から2年間、東京都内の女子少年院に入りました。

「暇な時間が大量にあって、自分のことを考えざるを得なかったんですよね。本を読むようになって『あの時、自分はこういう気持ちだったんだ』と気づく感覚があった。それまで自分の気持ちがどうだったか考えようともしなかったし、言語化できるとも思っていなかった」

少年院で信頼できる大人に初めて出会います。担任の法務教官でした。子どものことを考え、時には院のルールを破るような、型破りな先生だったそうです。

「私がけんかをして壁にコップを投げつけた時、真剣に注意してくれた。本気でぶつかってくる感じがした。少年院で子ども返りして。わざと反抗していたけど、何をしても見捨てなかった。淡々と、仕事だけでやっているというのじゃないのが感じ取れて、うれしかった」

少年院にいる時、高卒認定試験に合格。少年院を出た後には、もともと好きだった「アイドル」にも挑戦しました。法務教官の仕事に関心を持ち、大学の法学部を目指して受験勉強しながら、出版社主催のオーディションを受けました。２０１７年秋にあった最終面接で、少年院にいた経験をカミングアウト。18年4月から東京都内の大学に通い、アイドルも続けています。

「少年院で出会った子は、家族との関係が良くなかったり、虐待を受けたりした子も多かった。虐待がなくなれば、非行がなくなるんじゃないかと思った。いまから法務教官になるより、拡散力を使って発信するほうがやりたいことができるんじゃないかと思った」

18年6月、児童虐待の解決を目指して情報を発信をしようと、「ｂａｅ（ベイ）」というウェブサイト（https://www.dear-bae.com/）を立ち上げます。今年1月、ＮＰＯ法人化しました。ｂａｅは米国の若者らが使うスラングで「家族」や「友達」を意味するもので、「一時的にでも寄り添える存在」になりたいとの意味を込めました。

「まず、虐待のリアルな実情を知ってほしい。子どもが直接ＳＯＳを出すことはすごくハードルが高いことだと思うんですよ。だから周りの大人が気づいてあげることが一番だと思う。そのために虐待がどういうものか、どういう状況で起きるのか、伝えたい」

母とは少年院にいる間に話し合いを重ね、関係が良くなると期待したが、変わりませんでした。最近、家を出て妹と2人暮らしを始め、母と距離を取ることにしました。

「ポジティブな自立」だといいます。

「親だからずっと一緒にいなきゃいけないとか、許さなきゃいけないとか考えてしまいがちだけど、虐待って、子どもは絶対に悪くないと思うんですよ。全部親のせいにしていいいと思っていて。無理に許す必要はないと思えば気持ちも楽になれる。どうしてもわだかまりが消えない人は、誰かに間に入ってもらって直接話して、謝ってもらうのが、次のステップに進むきっかけになると思う」

「いま、虐待で苦しんでいる子どもたちには、難しいことだけど、自分からＳＯＳを発信してほしい。『虐待じゃないかもしれない』という不安は捨てて、周りの大人に相談してみてほしい。周りの大人は、子どもの小さなＳＯＳに気づいてあげることがすごく大事だと思います」

戦慄かなのさんのツイッターアカウントは「@CV_Kanano」

（戦慄さんのインタビューは、読者の疑問や困りごとを募って調べる朝日新聞「＃ニュース４Ｕ」が取材しました）

サヘル・ローズさん

学校では「ばい菌」と呼ばれる毎日…
私の「心の傷」との向き合い方

イラン生まれのサヘル・ローズさん（33）は、中学校でひどいいじめを経験しました。
「学校が全てではないです。本当の友達には、30代や40代になって会えるかもしれない」と語るサヘルさん。今までの体験から「心の傷」との向き合い方について聞きました。

Twitter：@21Sahel
Instagram：www.instagram.com/sa_chan_1021/
公式ページ：http://excelling.co.jp/talent/sahel

撮影：山本和生

サヘル・ローズ

1985年、イラン生まれ。8歳で来日。日本語を小学校の校長先生から学ぶ。舞台『恭しき娼婦』では主演を務め、映画『西北西』や、主演映画『冷たい床』は様々な国際映画祭に正式出品され、最優秀主演女優賞にノミネートされるなど、映画や舞台、女優としても活動の幅を広げている。第9回若者力大賞を受賞。芸能活動以外にも、国際人権NGOの「すべての子どもに家庭を」の活動で親善大使を務めている。

私は何かに守られていると思います。こんなに愛してくれる母はもちろん、公園生活を送っていた時に助けてくれた学校の給食のおばちゃんもそう。じつは「もう生きたくない」と思った時もありました。でも、生かされた意味があると信じて、まだまだ生きている意味を探しています。

私はイランの施設にいた時に、養母（以後は母と表記）になる女性と出会い、養女になりました。母と私は生活に困り、日本で生活をしていた知人を頼って来日したんです。１９９３年、当時私は8歳。最初に思ったのは「『おしん』がいない…」ということ。ＮＨＫのテレビ小説「おしん」は、イランでも放映されていて大人気でした。でも、日本に来てみると着物を着た人もいないし、大根も干されていなくて、驚きと同時に少し悲しかったことを覚えています。

日本に来た当初は埼玉に住み、小学2年から学校に通い始めました。日本語がまったくわからず、習慣や文化の違いに戸惑っていた私を救ってくれたのは校長先生でした。毎日朝から夕方まで、校長室で日本語を教えてもらいながら、昼の給食は他の子たちと同じ教室で食べていました。

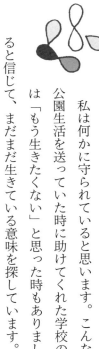

ところが、様々な事情が重なり、母と私は2週間ほど公園で生活せざるを得ない状況になりました。

私は毎日同じ格好で学校に行っていて、たぶん臭いもしていたと思うんですけど、みんなは私が公園で生活をしていたことは知らなくて。でも給食のおばちゃんは、毎日同じ格好で学校に来ていた私を見て見ぬふりなどせずに、私が帰ろうとした時に、わかるよう丁寧に日本語で声をかけてくれました。「ねぇ大丈夫なの？　何か困っていたら言ってね。おばちゃん助けるよ」って。

そのおばちゃんは、食事の世話だったり、洋服や自転車をプレゼントしてくれて、日本に住めるようにビザのことや工場勤務だった母にペルシャじゅうたんを販売する会社の仕事まで紹介してくれたんです。そのおばちゃんのおかげで、私は公園生活を抜け出すことができました。

でも子どもって、聞かれないと自分からは何も言えないんですよね。悪いことか正しいことか判断できないから、なんでも我慢しちゃう。だから、もし子どもが神妙な顔をしていたら、大人が「どうしたの？　大丈夫？」とひと声かけてほしいなと思うんです。私が発していた信号に気づいてくれた給食のおばちゃんのように。

その後3回ほど引っ越しをし、小学校高学年から中学時代を過ごした東京では、深刻ないじめ被害に遭いました。そんな東京での生活の中で、強烈な違和感を覚えたのは小学校5年生の誕生日会。友達を招待した時に母が出したバナナロールがきっかけです。うちは貧しかったので、母はスーパーで半額になったものを買ってきてくれたんですけど、振る舞われたのはひとりにつきひと口くらいのサイズで、バナナの色も変色していたものでした。私にとってはそれでも十分でしたが、みんなに嫌な顔をされて…。あの頃から「この子の家はお金がないんだ。なんか違うんだ」って。

中学に行くと、もともと外国人で目立つ上に、リンスも買えなかったので癖毛が膨張した髪形で学校に通っていました。当時はイラン人による事件報道が多く、男女両方からいじめられていました。「ばい菌ゲーム」が始まり、肩がぶつかっただけで「腐る」とか「サヘル菌」ってみんなに笑われて…。

またある時は授業中に両側の子が下敷きを顔の横に立てるんです。私が横を見ると「なんでこっち向くんだよ、顔が腐る。下敷きも使えなくなった」と言われたり、後ろから蹴られて階段から落ちたこともあるし、目の前で上履きを捨てられたこともありました。当時担任の先生も守ってくれなくて、見て見ぬふり。いじめはどんどんエスカレートしていきました。

暴力だけでなく言葉や態度で無視されたり、そこにいないように扱われたり。心はすり切れていき、どんどん自分の存在価値が薄れてしまった。

でも、それを母には言えませんでした。多くの子がそうだと思うんですけど、親には心配をかけたくないし、いじめられていることが恥ずかしいことに感じられて。学校から家に帰るまでは毎日泣いて泣いて泣いて。それでも母が帰る時には、笑顔でいられるように自分のスイッチを切り替えていました。

いじめられていることを母に話すと、もしかしたら「頑張れ」って言われるかもしれない。でも「頑張って」は聞きたくないんです。だって、「もの凄く頑張っている」から。頑張ってと言われるより抱きしめてほしいんですよ。「わかったよ」と言ってハグしてくれる存在がいれば救われる子がいるのになって思います。

「勉強ができる子、友達がいる子、いじめられていない子」。母の前では「安心のサヘルちゃん」を演じていました。成績もどんどん落ちていったけど、成績表の5段階評価は「1」が一番いいと母にウソをついていました。でもガラスのコップの中に入る水は限られていて、水があふれ出てパリンと割れる時がきました。中３の夏前だったと思います。「もう死にたい」と。学校を早退した日、何かに気づいたのか、母がすでに家に帰っていて、部屋の隅でしゃがんで泣いていました。

「いつも明るく、お金が無くてもご飯が無くてもニコニコしていてプラス思考」。そんな母の涙を見たのは初めてでした。母を抱きしめた時、体がふた回りも小さくなっていることに気づきました。白髪交じりでしわくちゃで、「お母さんも疲れた、死にたい…」って。

ああ、お母さんも私の前では明るく優等生の母を演じてくれていたんだなって。私のために頑張ってくれて、でも見えないところで苦しんで、体の負担もあったんだなって思ったんです。

その時、「この人（＝母）に私は何か恩返しをしたの？」という声が聞こえた気がしました。それが神様の声だったと今でも信じていますが、それまでずっと親に育ててもらうことが当たり前と思っていた部分があったけど、そうじゃないということに気づいたんです。そしてこれからは母のために生きよう、必ず母に恩返しをして、楽をさせるために頑張ろう、と。その時に初めて生きる目標ができたんです。

中学であれだけ苦しかった学校生活だけど、母を楽にさせるためお金を稼ぐには知識が必要だと考え、高校に進学しました。「偉大な母」を歴史に刻むために、私が有名になろうと考えました。どこの生まれだろうが、どういう境遇だろうが、人間は生きてちゃんと立派になれることを証明したいと。じつは私の記事はイランでも掲載されていて、イランの施設の子どもたちを勇気づけている、とも聞いています。

中学の卒業式は笑顔で迎えました。そして、中学時代に使った物は全部捨てました。高校に入ると、いじめはなくなり、個性を伸ばすことを応援してくれた先生と出会うこともできました。高校在学中からラジオ番組などで芸能活動を始め、大学にも進学しました。

成人式で、中学時代の級友たちが謝罪してきました。誰しも、いつかは自分の過ちに気づくものです。いじめられたことは、私自身、乗り越えたというより受け入れたんだと思います。心の傷は残っている。完全に消えなくてもいいんじゃないかな、と思っています。

大人になって、社会に出て、私は楽になりました。身長と同じで、心も成長すれば、違った視点から物事を見ることができる。そして、いろいろな人に出会える。

今しんどい思いをしている人に伝えたいのは、全然強くなる必要もなければ、すぐにはい上がる必要もないということ。疲れたら立ち止まっていいよ、っていうことです。立ち止まっている時ほど、じつは色々なことをインプットできる機会なんです。吸収して厚みのある人になってほしい。「私は弱いです」って言える大人になってほしい。自分の弱さも闇も、抱えたままでいいと思うんです。

この本を読んでくれている人に言いたいのは「学校が全てではない」ということです。本当の友達には、30代や40代ではじめて出会えるかもしれない。社会に出てから会う人たちが、自分の教科書のような存在になってくれることだってあるんです。

自分がしたいことがわからない時は、いっぱい寄り道してみてください。無駄な時間ほど財産になる。だから焦らなくていい。年齢なんて関係なく、自分の好奇心を探ってほしい。

「生きる意味がわからない」という子がいたら、少しだけでも考えてみて。今、地球の裏側には、とても過酷な状況で、生きたくても生きられず、苦しんでいるあなたと同年代の子たちがいるということを。たしかに今はつらいかもしれないけど、「学ぶことができて、親がいて食べられるものがあって着られる服があって」という恵まれた環境にいることを。

生きる意味って誰もなかなかわからないと思うんです。でも、みんなわからないと思えば少しは楽になれると思うし、生きる意味を発見していくことこそ人生なんじゃないかな？「生きているということ」だけでもすごく意味があることを理解できる日が来るかもしれないから。

たらればさん

「学校に行きたくない」ことはごく普通なこと
学校がつらい時「ツイッターに逃げよう」

〈たられば〉さんのツイッターは、フォロワーが15万人以上いる人気アカウントです。ふだんは古典文学の魅力について語ったり、仕事や人間関係のちょっとしたヒントを教えてくれたり。そんなたらればさんの元には、多くの中高生・大学生から相談が届きます。恋愛や進路など、様々な悩みに対する回答もまた、秀逸だと人気です。「新学期がゆううつ」「学校に居場所がない」という若者に、たらればさんからメッセージをもらいました。

Twitter：@tarareba722

撮影：原田朱美

たられば

フォロワー数15万を超える有名ツイッターアカウント「たられば」さん(@tarareba722)。漫画やアニメから、古典文学、政治、社会問題まで…。日々様々なテーマでキレのあるツイートを繰り出し、フォロワーには糸井重里さんや西原理恵子さんなどの著名人も多数。

大事なのは、不安だったり、居場所がないと感じて学校に行けなかったりということは、非常によくあるということです。行きたくないこと、行きたくても行けないことを、つい学校とか社会とか本人とか家族とか友人とか、誰かのせいにしたくなりますが、それはついうっかり風邪を引くとか、おでこにニキビができるとか、ドブに足がはまって歩けなくなることと同じようなもの。誰が悪いわけでもなく、生きていればよくあることなんですね。気に病みすぎないことが大事だと思っています。

周りも、特別なことだと思わないことが大事ではないでしょうか。特に親御さん。お子さんが「学校に行きたくない」と言い出したら、つい自分は子育てを間違ってしまったのではと思ってしまい、自分の責任だ、なんとかしなければ…という焦りがあると思いますが、気楽に思うこと。そうすることで、逃げ場所とか一時避難とかとりあえず見守るだけにしておくとか、他の選択肢を考える余裕が出てくるんじゃないかと思いますね。

僕はツイッターとかＳＮＳにどんどん逃げ込むべきだと思っています。もちろん向いている人とそうでない人がいるんですけれども。ＳＮＳの一番いいところは、時間がつぶれることです。若い子は、時間をつぶすことに対して焦りを感じると思うんですけど、しんどい時にとりあえず「時間をかせぐ」って非常に大事なことだと思うんです。

かつて北方謙三さんが雑誌『ホットドッグ・プレス』で連載されていた「試みの地平線」という伝説の人生相談があります。「自殺したい」という相談に対して、北方さんは「本を100冊読みなさい。読んだらまた手紙をくれ」と回答していました。「残念ながら本にだって、人を救う力はない。でも本を読むと時間がかせげる。君は今どうしようもない隘路《あいろ》にはまっているように見えるし、孤独の島でひとり生きているように思えているだろうけど、時間が経《た》てば、そうじゃないものが見えてくるかもしれないし、そうじゃない状況に変わるかもしれない」と言いたかったと思うんですね。

「もう死ぬしかない」という選択肢〝以外〟が見えるようになるまで時間をかせぐって、重要なことなんです。北方さんが連載されていた当時は「読書」がスタンダードな手法だったと思うんですが、今はツイッターやSNSで全然いいと思うんです。そこでいっとき仮名の存在になる。気づくと夜になっている。たぶん、社会や学校、家庭で追い詰められるのに加えて、自分で自分を追い詰めてしまって、余計なことばかり考えてしまう子も多いですよね。

感情が変化するのは、大事な人間の機能です。「傷」って大きいものでないかぎり、勝手に癒えるじゃないですか。少なくとも体は治そうとする。それと同じで、忘れるって重要な修復機能のひとつだと思うんです。うれしいことも悲しいことも、一緒にだんだん角が取れて、変わっていきますから。

私自身、学生時代「学校に行きたくないな」と、ゆううつになったことがありました。世代的にそれでも無理やり学校に行かされましたけど、それで成功だったとも思えない。図書館に一日いたほうが幸せだったなぁと思います。

「ゆううつだなあ」という時は、朝日ソノラマ文庫やハヤカワ文庫を読んでました。菊地秀行先生の『吸血鬼ハンターD』とか高千穂遙先生の『ダーティーペア』とか。あの小さな文庫本が、僕にとっては救命ボートみたいな存在でした。全く違う世界に自分ごと入れることで、学校や社会から目をそらしていたんだと思います。

悩みはじめたのは中学校の後半から高校にかけて、ですかね。異性にあまりモテなかったからだと思います（苦笑）。このままの自分で受け入れられると思ったら、全然違った。自己評価では、僕は友だちが多くて、社会に適応していると思っていたんですが、周囲の評価はそうではなかったという、かなり痛いパターンです（笑）。「あれ？ありのままの自分って、全然ダメなやつじゃないか」と…。

社会と自分のズレを修正するには、自己受容が相当遅かったので、周回遅れだけどコツコツやるしかないなあ、と思って、とりあえず毎日「みんなやってることをちゃんとやろう」と思いました。

たとえば朝は必ず8時前に起きて、歯を磨いて、鏡を見て寝癖を直して、制服が汚れてたら洗濯して、爪切って挨拶して、一日一回は日光を浴びるとか。社会性って自然と身につくものじゃなくて、こういう細かいことの積み重ねなんだなとわかったんです。やれば身につくし、やらなきゃ身につかない。当時はなかなか気づきませんでしたが、いま思い返してみると、それに救われたんでしょうね。好きな人にふられた時も、就職試験に失敗した時も、追い詰められても、毎日の生活だけでもちゃんとしていれば、滅多にカタストロフィー（破局）は起きないというのはありました。

しんどい時の「規則正しい生活」「カロリーの高い食事」「犬を飼う」は3点セットです！「ちゃんと暮らす」ことが大事と気づいてからは、人にちゃんと相手してもらえるようになりました。「こういうことなのか」と思いました。ただ、それなりに時間をかけないと効果が出ないので、ダイエットと同じですね。よく「そんなことでいいの」と言われるんですけど、しんどい時は、歯も磨けないので。

以前見たアメリカのドラマ（『The Good Wife』CBS／2009~2016年）で、主人公の女性弁護士が、離婚相談に応じる場面がありました。夫に浮気されて離婚したいという相談者は「人生の何もかもがダメになった。生きていても仕方ない。何をしていいかわからない」と。それに対して主人公は「まず、朝起きたら化粧をしなさい」と言うんです。もちろん相談者は「それで夫は帰ってくるんですか。この傷は癒えるんですか」と聞く。すると「帰ってこないかもしれないし、傷も癒えないと思う。でも、痛みに耐えられる強さは身につく」と。なるほどなあ、と思いました。弱々しい自意識や、ボロボロになった心を整えるには、まず外側からきちんとしておくと結構なんとかなるんだなあ、と。

悩んでいる時、「答えを出さなきゃ」と、自分の内側を突き詰めがちですが、そういう時は「チャーシュー麺を食べよう」とつぶやいてみるとかでいいと思うんです。カロリーはいいですよ。ダイレクトに脳にきます。なぜこれが合法なんだろうというくらい効くので。チャーシュー麺、最強です。あっ、でも、いま悩みを抱えている子には、こんな答えじゃ届かないかな…。

若い子の誤解のひとつとして、「大人は人生の難題をくぐりぬけて、答えを持っている」というのがあると思うんですけど、そんなことないですから！　だいたいやり過ごしているだけ！　ラーメン屋に通ってなんとなくごまかしてここにいます、っていう感じです。

若者から「死にたい」という相談はありますが、あまり答えないようにしています。よく「死にたい」という若者からの訴えに対して、大人側は「真剣に受け止めないといけない」と言われますが、僕はちょっと意見が違っていて。半身《はんみ》で聞く方がいいと思っています。ひとつは単純にこちらが引きずられてしまって、擦り切れてしまうから。もうひとつは、あなたにとってあなたの悩みはとても大きいかもしれないけれど、相談をされた方を含めた世界全体にとっては、砂粒のような悩みであるとわかってほしいから。無視され得るものだし、例えば僕にとっては毎日届く悩みのひとつで、特権的な悩みではないと。

自分が世界の中心だと思いすぎると、「自分中毒」になっちゃうんですよね。自分自身に対しても、半身くらいで考えた方がいいんです。じゃないと、自分の小ささに潰《つぶ》れちゃうし、世界の狭さに窒息してしまう。それこそ、犬とか猫とか本とかSNSとか美味しいラーメンとか、外に気持ちを向けた方がいいですよ。

怖いのは、「大人や賢い人が自分の知らない素晴らしい解決方法を教えてくれる」と思ってしまうこと。さらに怖いのは「この世のどこかに、自分のことを自分以上に分かってくれている人がいる」と思ってしまうことです。それは依存先が自分からその相手に変わっただけで、背負っている荷物はまったく軽くなっていない。

ツイッターでは、よく「仕事は楽しい」「人生は楽しい」というメッセージを発していますが、最初はやせ我慢だったんです。けど、楽しいと言ってたら段々本当に楽しくなってきたんです。あと、楽しいと言っていたら、周りに楽しい人が増えました。しんどいと言っていると、しんどい人が増えてくるんです。

もちろん、つい弱音や溜息《ためいき》を漏らす場所として、ツイッターやSNSは大事な場所なんですよね。そこは大切にしたい。でも自分で吐き出した言葉って、それに囚《とら》われることがあるじゃないですか。自分のセリフに足を取られて動けなくなってしまわないよう気をつけた方がいいとは思います。そういう「あ、やばい、動けない」ってなった時は、歯を磨いてお風呂に入って、チャーシュー麵を食べて、犬を撫《な》でてみてはどうでしょうか。そうすると、カーテンを開けて外を見る気持ちがちょっとだけ湧いてきて、「あー、春の夜明けっていいなあ、夏は夜がいいかな、秋だったら夕暮れだ」と思えるようになるかもしれません。

それでもダメならツイッターへどうぞ。真面目な話をしている人もたくさんいますが、今日もきっと、おかしな編集者や変な医者や変わったライター、SE、学者、弁護士、経営者、企業公式アカウントといった、世間的には立派な大人と思われている人たちが、いい歳こいてバカな話をしながらげらげら笑っています。

伊東歌詞太郎さん

「いじめられた時、音楽に救われた」そんな僕が歌う意味

伸びやかで力強い歌声やメッセージ性のある歌詞が中高生の共感を集め、ツイッターのフォロワーが73万を超えるシンガー・ソングライター伊東歌詞太郎さんは、小学生の時にいじめを受けていました。「休み時間は音楽準備室に隠れていた。音楽が救いだった」と振り返る歌詞太郎さん。つらい経験があったからこそ、今は誰かの人生がプラスになるよう、歌い続けています。

公式サイト：https://www.kashitaro.com/
Twitter：@kashitaro_ito
Blog：https://lineblog.me/itokashitaro/

撮影：神戸郁人

伊東歌詞太郎（いとう・かしたろう）

狐《きつね》のお面がトレードマーク。抜群の歌唱力を武器にネット音楽シーンに登場、数十万のSNSフォロワーと繋がりながら投稿した動画の総再生数は8000万回を超え、アルバムは３作連続でオリコンランキングTOP10入りした。声帯結節の手術から2018年７月に復帰し、全国路上ツアーとホールコンサートを開催中。様々な問題を抱えた家庭や子どもと家庭教師の交流を描く初の小説『家庭教室』（KADOKAWA）を2018年５月に出版。

6年生の時のいじめがひどくて、つらかった。常に無視をされ、上履きに画びょうを入れられたり、机がなくなっていたり。ニュースになるような嫌がらせは、だいたい受けました。

いじめグループとは、塾で受ける模試が一緒だったんです。点数が良くて僕の名前が出ることがあると、さらに攻撃をされました。

助けてくれる人はいませんでした。いじめの中心は5〜6人だけど、その人たちが強いから、クラスの誰も逆らえない。全員が無視に加わっていました。

先生には相談しませんでした。言ったところで解決できないと思ったから。心配させたくなかったから、親にも言いませんでした。つらい毎日の中で、僕の支えになっていたのは間違いなく、音楽でした。休み時間、音楽準備室に隠れていたんです。

学校に居づらい人は分かると思うけど、休み時間が一番つらかった。無視されるか、ひどいことをされるか、だったので。

だから、5分だけの休み時間は仕方がないけど、2時間目と3時間目の間にあった20分間の休みや給食を食べた後の昼休みは、クラスにいたくなくて。自分の居場所を探しました。

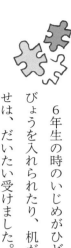

でも、小学校ってそんなに広くない。屋上は施錠されているし、安全地帯になる場所って少ないんですよ。どこかないかなと探していたら「あっ、音楽準備室がいいな」って思ったんです。

音楽室だと隠れる場所がないからダメ。準備室がいいんです。楽器がたくさんあって、ピアノの下によく隠れていました。誰も来ないし、先生もその時間はいない。僕にとって、安息の場所でした。

準備室には、合唱で歌う曲の楽譜がたくさんありました。グリーングリーンや赤いやねの家、小さな木の実…。楽譜は読めないんですけど、「おたまじゃくし（音符）がここにあったら高い音、ここなら低い音」というのは何となく分かるから、知らない曲でも口ずさんでいました。

ただただ、歌うのが楽しくて、つらいことを忘れられた。卒業するまで、休み時間は音楽準備室でしのいでいましたね。

今思うと、学校を休めたらよかったんですけど、親に心配をかけたくなかったから、その選択肢はなかった。音楽があって、本当によかったです。

音楽以外では中学受験も支えになりました。「別の中学校になったら、いじめが全部終わる」と出口を作ることができた。もちろん、「落ちたら、中学校も同じになる」というプレッシャーもありましたが、受験合格が暗闇からの出口になると強く思っていました。

志望校には無事、合格しました。だから、卒業した時はめちゃくちゃうれしかった。いじめグループと離れられたので、中学校からはいじめられることもなくなりました。それから、いじめグループと再会したのは成人式の時でした。向こうは、「俺、お前のことをいじめていたらしいんだけどさ、そんなつもり全然なくて。悪かったな」と言って、まったく気にしていませんでした。

びっくりしましたよ。「あっ、この程度なんだ」って。自分がきつかったあの過去は、他人からみたらこんなに軽いんだって。怒りはわかず、ひたすら驚きましたね。

いじめられるって、ものすごく傷つけられることなんですよ。めちゃめちゃに傷つけられる。

だから、いじめがどれほど人を傷つけるのかというのは、いじめをしている側、もしくはいじめを受けていない人たちより、僕はたくさん知っているつもりです。

僕の思考の根幹に、「他人の立場になって考える」という考えがあります。いじめの経験はまさにそうです。あれだけつらい思いをしたから、同じことを人には絶対にできない。人が何をされたら傷つくのか。それが分かってから、僕は人に優しくできるようになりました。

僕にとって、音楽活動をする意味は色々あるけど、そのひとつが誰かの人生をプラスにすること。1ミリでも、10メートルでも、とにかくプラス方向にする。そういう音楽を作っていくことが、僕が生きるひとつの意味だと思うんです。

ライブに来てくれた中学生の女の子が「歌詞太郎さんのライブをきっかけに外に出られた」と言ってくれたことがありました。それまで、引きこもっていた子が、僕の曲をきっかけに部屋を出られるようになった。それを聞いた時は、すごくうれしかったな。

いじめられた時、僕は音楽を聴いたり歌ったりして、落ち込んだ気分を変えることが何度もできた。音楽って、特効薬だと思うんですよ。そういう音楽を作れたらミュージシャンとしては本望です。

僕の場合はいじめだったけど、他の原因で、しんどい思いをしている人もいると思います。そうした人たちに、甘い言葉は言えないです。だって、つらいもん。

「今はつらいけど、この先いいことあるさ」とは絶対に言いたくない。そんなこと言われたら、「お前このつらさ分かんの?」って当時の僕だったら思いますよ。

小学生の時、僕のつらさを分かってくれる人はいなかった。でも、僕には音楽があった。音楽が僕のことを分かってくれたと勝手に思っていました。

ゲームでも読書でも、あなたにとって居心地がよければ何でも構わない。見つけてみようなんて無責任なことは言えないけど、あなたの居場所が見つかるよう、僕は祈っています。

我が子から突然「学校行きたくない」と言われたら…。女優・石田ひかりさんの答えは？

「もう、学校へ行きたくない」。自分の子どもからそう打ち明けられた親は、どんな気持ちになるのでしょう？　中学生の姉妹を育てる女優の石田ひかりさんと、フリースクール「東京シューレ」の奥地圭子理事長との対談を紹介します。

奥地圭子（おくち・けいこ）
1941年、東京都生まれ。息子の不登校がきっかけで、85年にフリースクール「東京シューレ」を設立。不登校について考える親の会や、「登校拒否・不登校を考える全国ネットワーク」の立ち上げにも関わる

石田ひかり（いしだ・ひかり）
1972年、東京都出身。中学生時代に芸能界デビューし、大林宣彦監督の映画『ふたり』などで主演を務める。現在はテレビ番組の司会をはじめ、各方面で活動。中学生の娘2人を育てる母親

撮影：仙波理（出典：朝日新聞）

column 1

石田さん「私には、中学2年と3年の娘がいます。彼女たちにとって、学校は楽しい場所のようです。私自身も、行けなくなるほど悩んだ経験がありません。不登校の原因には、どんなものがあるのでしょうか？」

奥地さん「状況によって違いますね。いじめなどで苦しい思いをしたとか、何となく学校の雰囲気になじめないとか。逆に「勉強大好き」「先生大好き」という子でも、授業や部活で頑張りすぎて、燃え尽き症候群のようになり、通えなくなる場合もあります。よく勘違いされるんですよ、「不登校は怠けているだけでしょ？」って。ほとんどの子は「学校に行かなきゃ」と思っていますよ。でも、何時間も勉強しなきゃいけないし、スピードも要求される。懸命に取り組んで、限界が来て、学校と距離をとるに至った状態なんです」

石田さん「私が子どもの頃は、登校しないという選択肢が、今ほど一般的ではない時代でした。それを選ぶというのは、大変な勇気がいることですよね」

奥地さん「私の息子にも不登校経験があります。小3の時、転校先の学校でいじめられたんです。『班競争』というのもやらされました。例えば、漢字の小テストの得点を班ごとに集計して、最低だった班の児童全員に間違えた数だけ校庭を走らせるとか」

石田さん「『班競争』!? 初耳です!」

奥地さん「次第に、朝になると頭痛や腹痛、吐き気を訴え学校を休むようになりました。その意味が、私にはわからなかった。しばらく休むと元気になるので、励まし、また学校に行かせました。私は当時、小学校の教諭でした。「教員がわが子も満足に育てられないのか」と、自責の念にかられたことを覚えています。振り返ってみれば、『普通は学校に行くでしょ?』『このくらいで負けちゃダメ!』と考えていました。その後、児童精神科医の先生と出会い、不登校は自己防衛のための反応だと気づいたんです」

石田さん「もし娘に『学校に行きたくない』と打ち明けられたら、私も奥地さんと同じような言葉をかけてしまうかもしれません。『社会はもっと厳しいんだよ!』って」

奥地さん「言っちゃうよね、やっぱり（笑）」

石田さん「私は学生の頃、競泳の選手でした。当時は2時間半の練習中、『一滴も水を飲むな』とコーチに言われていた時代です。つらい思い出しかありません。そういうスパルタ教育を経て、中2で芸能界に入った。だから、娘たちのわがままには、つい腹が立ってしまうことが多いです。『甘い！』みたいな（笑）。でも、その態度が、どれだけ娘たちを追い詰めてきたんだろう…。子どもが弱いところを見せてきた時に、まずは寄り添う、肯定するのが大事なんですね」

奥地さん「子どもって、自分を持っている。信頼してもらえる親になるには、同じ目線で考える必要があると感じますね」

石田さん「今の子どもたち、本当にお勉強頑張ってますよね。小学校でも、7時間目までやるところがあると聞きます。少し早く終わらせて、自由な活動ができる時間をつくり出せたら、学校の『居心地』が変わるかもしれませんね」

奥地さん「大賛成ですね！　２００７年に設立した『東京シューレ葛飾中学校』（東京都葛飾区）では、まさにその考え方を採用しているんです。学習指導要領通りではなく、子どもに合わせた授業ができる「教育課程特例校」として、国に認めてもらっています。不登校を経験した子しか入れないのですが、卒業後の進路は様々です。料理好きな子がコックになったり、馬が好きで調教師になったり。それぞれの個性がちゃんと花開く環境だから、あまり行き詰まらないのかな、と思っています。親も学校に、『ここはこう変えてほしい』と言っていいのではないでしょうか」

石田さん「でも、『モンスターペアレント』と呼ばれてしまう不安があります。どこまで言っていいものか、多くの親は悩んでいると思います」

奥地さん「子どもがより良く学ぶための意見なら、親が言っていくべきですよ。先生の『こうせよ』という考え方を受け取るだけというのは、本来の学びではないと思います。上からの考えを教え込まれたり、枠にはめられたりすると、苦しいと思う子が出てきます。基準に沿わない者は劣っている、という考え方にもつながる。子どもの自己否定感が強まりますよね。学校も全てが見えているわけではありません。だから、親から見えるものを伝えていく。それは大事なことではないでしょうか」

夏休み明けに子どもの自死が増える理由。それは学校に通うことを当然視する社会意識にあると言えそうです

石田さん「娘たちが、終業式前に保健だよりをもらってきました。『どうしても宿題が終わらなかった人は、先生に相談をしてください』とあり、私が子どもの頃とは大きく違うのに驚きました」

奥地さん「その意図は、よくわかりますね。夏休みの宿題ができなかったのがきっかけで、不登校になる子って結構いますよ」

石田さん「それが、いわゆる『9月1日問題』ですか?」

奥地さん「学校に関する事柄が、子どもに心理的な影響を与えるという点で、つながっている部分もあります。しかし『9月1日問題』は、自死が本質です。内閣府の調査によると、命を絶つ18歳以下の人数は、夏休み明けが一番多いんです。死を選ぶのは、学校が始まるのが苦しいからです。1学期に学校で嫌な経験をした子も、夏休みに入ればホッと一息つけます。しかし休み明けが近づくと、『また登校しないといけない』と追い詰められた気持ちになります。2学期は、受験勉強が本格化し、文化祭などの行事も立て込みますね。周りと比較されることが増え、ストレス度が高まる。楽しめればいいけれど、学校で苦しい思いをしたことのある子は、『新学期が始まるのが怖い』と話します」

石田さん「長期休み中にゆっくりできる分、負担感が増えてしまうんですね」

奥地さん「苦しければ逃げていいし、学校以外に学びの場を求めていい。しかし日本の社会では、今日まで長らく『登校するのが当然』とされてきました。子どもたちも、親や先生からそう教わり、『行かなくてはいけない場所』と思わされている。この『学校絶対主義』が、9月1日問題の要因だと考えています」

対談では、子どもとの向き合い方も話題になりました

奥地さん「石田さんの娘さんたちは、『学校がしんどい』という雰囲気を出すことはないですか？」

石田さん「無理して行っていると感じたことはないですね」

奥地さん「それは素晴らしい。ただ、もし行き渋ることがあれば、『何かあったの？』と声をかけるといいですよ。『あなたの話をいつでも聞くよ』という空気があると、深刻なことにはならないと思います。問題がキャッチできたら、一緒に考える。もし先生に相談する場合は、まず子どもの了解を得ることが大事です。そうしないと、親への不信感が高まってしまいます」

石田さん「子どもが『先生に言わないでほしい』と伝えてきたら、どうすればいいですか？」

奥地さん「言わないことですね。ただ、ギリギリの状況であれば『先生にも一緒に考えてもらおう。でも、その後のことは必ずあなたに相談するから』と付け加えますね。

思春期の子は、素直に何でも言う年齢ではないから、親は気持ちが理解しづらい。まずは、本人が置かれている状況を見えるようにしておく、というのがいいんじゃないでしょうか」

石田さん「それが一番難しいですね…。娘たちは、友人たちとスマホを使ってやり取りしています。人間関係について、見えにくいのが悩みです。端末を持たせる時には『お母さん全部見るからね！』と言いますが…」

奥地さん「それは、多分ムカつかれていると思います（笑）。もちろん、親としては善意で言っているんですけどね。子どもをもっと信頼して、ここぞというところでは、腹を割って話す。普段はあまり干渉しすぎない、というのが関係をつくる上で大事になるのでは。基本的には親や先生が子どもを信頼し、子どもの発想力を活かせる場所へと学校を変えていくべきだと思います。今ってね、情報化が進んで、時代状況が変化していると思うんです。『みんな一緒がいい』という考えは好ましくない。自分が大切にされている、という感覚を、子どもたちは持てませんから。だから、子どもの声で学校をつくっていくといいんじゃないでしょうか？　そのほうが楽しいし、いじめなどで登校できなくなるリスクも減ると思います」

石田さん「確かに！　先生にとっても、子どもたちのエネルギーを毎日受け止め続けるのは、本当に大変でしょうしね。子どもが主体になることは大賛成です」

奥地さん「そうですね。東京シューレが開校した私立中学校では、全ての行事を、子どもが実行委員会形式で進めるんです。苦労もありますが、結果的には満足感や達成感につながる。コミュニケーション能力も育ちます。先生たちにとっても、負担が減る。何より、子どもと一緒につくっていく楽しさが味わえる。『これは子どもたちに任せてみよう』という考え方が、もっと広がればいいなと思います」

子どもを育てながら芸能界で仕事をしている石田ひかりさん
勉強主体の学校教育のあり方に、疑問を持つ機会もあったそうです
石田さんにあらためて思いをつづってもらいました

奥地さんと対談させていただいて「時代は変わっているんだな」と思いました。娘たちが終業式前「夏休みの宿題ができず、休むほど悩むなら、先生に相談を」と書かれた保健だよりをもらってきました。「先生たちは優しいな」と感じましたね。私の子どもの頃は、何が何でもやり切らないといけない空気がありましたから。でも学校って、子どもにとっては一日のほとんどを過ごす場所。どの子にとっても自己肯定感が持て、楽しい場所であってほしいと心から思いました。

学校になじめず、苦しんでいる子がこんなにいるんだなと。ちょっと想像ができませんでした。奥地さんのお話だと、登校できている小中学生は、全体の97～98％程度。でも、約2％～3％の子は違う。その事実から目を背けてはいけないと思いました。以前、「あえて学校に子どもを行かせない」という親御さんの新聞記事を読んだことがあります。その人は、代わりに我が子を旅に出し、博物館などを訪ねさせていまし

た。「それがうちの教育なんだ」と。今思えば「学校だけが育ちの場ではない」という意見を投げかけていたのかなと思います。勇気をもって登校しない、行かない、という選択があっても良いんじゃないでしょうか。

その子らしさが大事にされる。そんな人生を送れるなら、必ずしも学校という形にとらわれなくても良い、とは思います。ただ、今は子育てのまっただ中。客観的になれない自分も、やっぱりいるんですよね。

「何とかこの子を一人前に」ということは、すごく意識しています。どうしたって、親は子どもより早くいなくなります。子どもたちに、自分の足で立ち、社会で生き抜く力をつけさせるのは、保護者の役目だと思っています。私は根っこが体育会系なので、つい厳しいことを言ってしまうんですけど、でも、娘たちが本当につらい環境におかれて、登校したくなくなったとしたら、「無理しなくて良いよ」と伝えたいですね。

子どもが泣きながら帰ってきたときもありましたよ。でも、詳しい事情は聞かないです。話したくなったら話すだろうな、と思いますし。実際は心配で、心拍数が上がりまくってますけど（笑）。「おやつ食べる？」などと言って、平静を装っています。

本人はただでさえつらいのに、親まで取り乱すと、もっともっとしんどくなるでしょうから。

でも、口うるさくなってしまう時もあるんですよね。黙って見守るには、修業が必要だと感じます。奥地さんのお話を聞いて「私も気をつけなきゃな」と思いました。

フリースクールの存在って、しんどい時のシェルターになっているんでしょうね。「一日中漫画を読んでいる子もいる」とも聞いて驚きましたが、人生における「生き心地」を高める居場所をつくるというのは、本当に重要だと思います。そういう場がなければ、学校がつらい子はどこにも行けず、引きこもるしかない。「今日も元気に来られて良かったね」と言ってくれる大人がいることは、幸せなことですよね。

学校にはこなさなければならないカリキュラムがありますし、なかなかフリースクールのようにはならないのが現実だと思います。家庭は家庭で親の思いがありますし。ただ、子どもたち主体で色々と試行錯誤して、失敗したり、足りないことに気付いたりすることにこそ価値があるのではないでしょうか。恥ずかしいことや挫折って、長い人生で考えたら全然マイナスじゃないと思うんです。むしろ宝物ですよ!

私も、もし娘たちが学校に行けなくなったら、ものすごく動揺するし、焦るし、悩むでしょうね。でも、奥地さんのお話を聞いた今は、「寄り添って、見守りたい」と思えます。命を絶つほどの苦しみを生むような状況からは、遠ざけてあげたいです。

column 1

奥地さんは「いつも子どもの目線に立ちなさい」とおっしゃっていましたけど、親って、つい上から目線というか、「私の時代はこうだった」ってなりがちじゃないですか？　まず、そこから考えられれば。一緒に苦しみと向き合うことが大切かなと考えています。

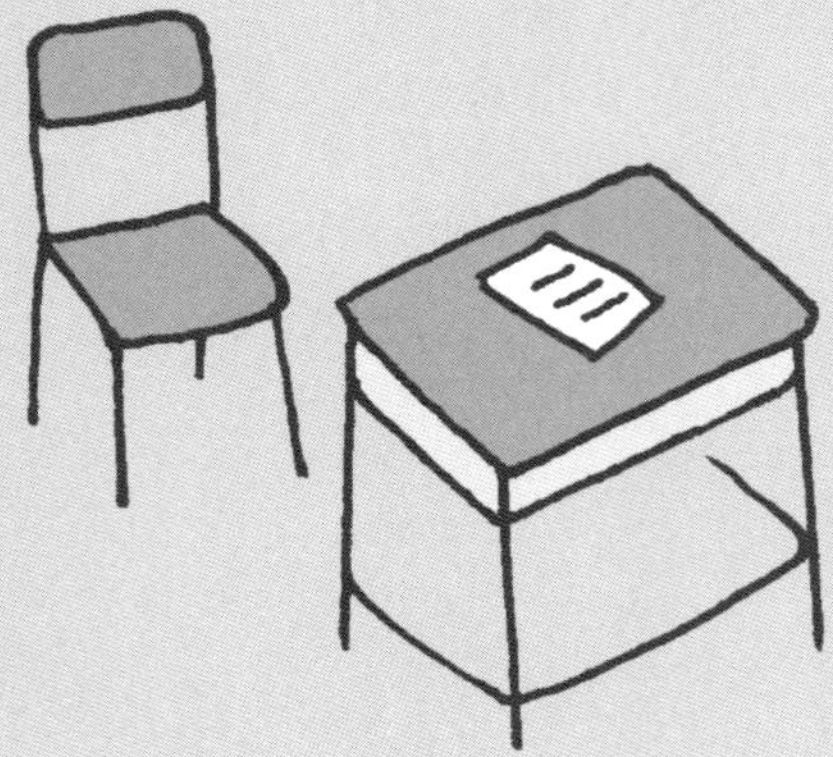

キンタロー。さん

「楽しかったのは1学期だけ」だった
キンタロー。さんを救った「小さな逃げ場所」

社交ダンスやアイドルのものまねなど、テレビ番組では華やかな衣装に身を包み、明るい笑顔で生き生きと踊る姿が印象的な芸人の「キンタロー。」さん。でも、中学時代には学校を休むこともあり「楽しかったのは1年生の1学期だけだった」そうです。その時、キンタロー。さんを救ったのは「小さな逃げ場所」でした。芸能人になった今、つらい経験を「隠さずに話すことにしている」と言います。

Instagram：www.instagram.com/kintalo_
Twitter：@Kintalo_

撮影：北村玲奈

キンタロー。

女性アイドルのものまねで人気に。テレビ番組の企画で、競技ダンスの日本代表として世界大会にも出場している。36歳。

中学校で楽しかったと思えるのは1年生の1学期だけでした。私も含めて4人のグループでいつも一緒にいたのですが、2学期に入ったころだったかな…、ある日突然、何の前触れもなく、グループの3人から無視されるようになりました。理由もわからないし、謝っても受け入れてもらえなかった。

毎週土曜日は4人で机をくっつけて一緒にお弁当を食べていたのに、私が3人のところに机を持って近づこうとすると、ものすごいスピードで私が入れないように机をくっつけるんです…。がくぜんとしました。

慌てて、小学校が一緒だった友達のグループに入れてもらったけれども、その友達も「どうしたの」と困惑しているし、私も「迷惑に思っているだろうな」という気持ちは消えない。ただただ、グループからは「はみっこ」になったことをクラスメートにばれたくない、クラスの中で「終わった人」的な認定をされたくないという思いで必死でした。

最初は体がだるいとか頭が痛いとか、そんなことから少しずつ学校へ足が向かなくなりました。1日休んでは登校し、また休んで。少しずつ休む日が増えて、親には「休みすぎだ」と言われたけれど、部活動にも「はみっこ」にされたそのグループの友人がいたから逃げ場がなかった。1週間くらい休んでしまうようになると、ずっと泣いたり、ぐるぐると考えこんでしまったりしてましたね。

学校を休んだ時は、ケーブルテレビでお笑い番組を見て気を紛らわしていたこともあります。とくに熱中したのはトールペインティングや自分の部屋の模様替えでした。クラスは違ったけれども仲の良い幼なじみはいたので、その子と一緒にホームセンターへ買い物に行って、黙々と作業をして、作品を見せ合っていました。私にとってはそれが「小さな逃げ場所」でしたね。

休んでいた時に読んだ雑誌にも、少し救われました。著名な方の文章に「学生時代は悩みに悩め。悩んだやつが大人になった時に成功する」という言葉がありました。私にはそれが「大丈夫だよ」と言ってもらえているように思えて、自分の人生はこれで終わるわけではないと、少しだけ思えたんです。

それと、母には愚痴みたいにいつも話をしていましたね。母は私が何を言っても「大丈夫、大丈夫」と明るく励ましてくれました。私がからかわれたと言うと、「こんなにかわいい子はいないよ」って。あえて深刻な感じにはしないで、いつもと同じように変わらず話を聞いてもらえたことは、私としてはありがたかったです。

今、振り返ると、学校に行かなかった時と行った時があったから、私の中でなんとかバランスを保てていたのかなと思います。中学2、3年はクラス替えもあって、1年生の時よりは学校に行けていました。でもクラスメイト全員に気を遣って、敬語で話すクセだけは抜けなかったなあ。

学校に自分の居場所なんてないと思っていたし、明るくできなくてずっと気を遣っていました。だから、3年生の時に担任の先生が企画した『クラス全員が強制参加の週末のイベント』というものにも「いつも気を遣っているのになんで休みの日まで気を遣わなくちゃいけないのか？」と思って、私だけ行きませんでしたね。

結局、1年生の時に友人に無視された理由は、グループの友人を楽しませようとした私が、ちょっと下品な歌を歌ったことが嫌だったからだそうです。それを知って「もうそういうことはしないから許してほしい」と謝罪したけれども、友人たちは「自分に言われても困る」と言って、態度は何も変わりませんでした。「〝自分〟を出し過ぎたら嫌われるのか」って、今でもトラウマがあります。

あの経験が今役に立っているかと考えると、ちょっと首をかしげてしまう自分がいます。でも、今こうして私が話をすることで、今苦しい思いをしている人たちの、ささやかな希望とか救いになれるならうれしいです。だから、隠さずに話すことにしています。

今、生きづらさを抱えていたり、学校に行けなかったりする人に伝えたいのは、ユーチューブでもいいし、ゲームでもいいし、一瞬でも学校とは違うところに意識を向けることが大切だということです。それで時間が過ぎていくのを待っていて大丈夫。

でも、オススメなのは、太陽の光を浴びることや軽い運動をしてみること。ずっとふとんの中に閉じこもっていると、同じことばかり、そして悪いことばかり考えてしまいます。少しでも外に出てみてください。きっと何か「きれいだな」とか「すごいな」って思う景色があるはずです。

学校に行けなかったら、習い事を始めてみてもいいと思います。新しい場所では、ゼロからスタートできる。自分の好きなキャラクターで自分を出せる。「こうしたい」「こうありたい」という自分でのびのびと過ごせるチャンスです。そしてそれは、大切な逃げ場にもなります。

中学生の時は、起きること全ての衝撃度が、大人になった今と全然違う。人生のごく一部のことが永遠のように思えて、「死んじゃえば楽になる」って考えてしまうかもしれない。私も、そう思ったことはありました。でも、死ぬぐらいだったら、命を絶つぐらいだったら、学校になんか行かなくたっていい。ふとんにずっとくるまって、気力がなければうずくまって、ただ時が過ぎていくのをじっと待っていたっていい。だって、学校だけが人生ではないから。

生きてさえいれば、いつか必ず新たな方向性が出てくるんです。もし中学生だったら、高校生になればリセットできる。学校以外の場所で好きなことを見つけたら、そこで友達ができる。命を絶つという間違った選択さえしなければ、私はそれでいいと思います。

文学ユーチューバー ベルさん

「あなたらしくいられればいい。チャンスはゴロゴロ転がっている」人気ユーチューバーの思い

「好きなことで、生きていく」ユーチューバー。書評や美術館レビューなどの動画を配信している文学ユーチューバーのベルさんには、学生時代「嫌いなことだらけで、生きなければならなかった」時期がありました。学校に通えなかった時に熱中していたことが、今につながっています。

Twitter：@belle_youtube
YouTube：www.youtube.com/c/BelleinWall

写真は本人提供

文学YouTuber ベル（ぶんがくゆーちゅーばー べる）

書評・美術館レビューを中心に文化・教養系の動画を配信するクリエイター。人を通して読書の魅力を伝え、本好きの輪を広めたいという想いから投稿中。チャンネル登録者は約６万人。『YouTube NextUp　2017』受賞。

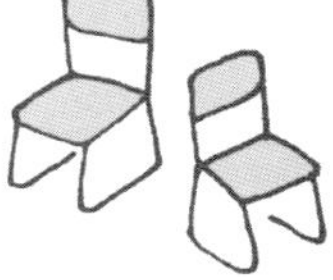

ごきげんよう、ベルです。今日も本を読む文学ユーチューバーです。
ユーチューバーと言えば、楽しい仲間と面白いことをしているイメージが浮かびませんか？　でもじつは、暗い過去を持っているユーチューバーは意外といます。私は今、たくさんの仲間（視聴者）のおかげで活動を楽しんでいますが、学生の頃、「嫌いなことだらけで、生きなければならなかった」時期があったんです。友達と言える友達がいませんでした。
学生の時の人間関係は、クラスメイトとつくることが多いと思います。女子であれば、いくつかの仲良しグループで行動する様子が思い浮かぶのではないでしょうか。同じメンバーで着替えや移動教室、休憩時間には机を囲んでおしゃべり。私はと言うと、どのグループにも入ることができず、いわゆる〝つかずはなれず〟のタイプでした。何事にも積極的で「わが道を行く」性格を抑えきれていなかったので、無理もないと思います。
中学生時代、グループで嫌うターゲットを順番に決めるような場面があって、私も「なんかむかつく」の番に選ばれたことがあります。もともと一部の人たちから陰口を言われていましたが、生徒会長選挙に立候補した2年生の頃には、内輪で楽しむ嫌がらせとして目につくようになっていました。

ある日の放課後、候補者の集会に忘れ物をしたため教室に戻ると、クラスの中心メンバー男女6人くらいが、私への悪口を楽しんでいました。どこかで嫌われていないと信じたかったのに、認めるしかありません。泣きながら集会へ行き、立候補の辞退を申し入れました。しかし、教師たちに「辞めたら思うつぼだ。何事にもかえがたい良い経験ができている」と説得され、続けるしか道がなくなりました。選挙は強力なライバルがいたものの、4票差で当選しました。候補の子が「ベルがなるならもう一人の候補がなった方がましだった！」と泣いて吐き捨てたことが忘れられません。

3年生になり、気持ちを新たに入学式で会長の言葉を述べましたが、帰宅後、同級生から一通のメールが届きました。「お前、まだ嫌われてるからね（笑）」。翌日から学校へ行けなくなりました。当時の私は視野が狭く、学校が全てでした。自分を〝生きているだけで嫌われる存在〞だと責め続け、何年もトラウマを引きずりました。

いじめを考える時、理由を探すことがあると思いますが、はっきりしていないことも多々あります。それなのに、「いじめられる側にも原因がある」と言う人がいます。私も嫌がらせを受けていることを担任に告白した時に、自分にいけないところがなかったか聞かれました。まるで、理由があったらいじめられても当然かのように。思い切って打ち明けても、「甘えている」「普通は○○だ」「こんなんじゃ将来やっていけない」「みんなつらい中でも頑張っている」という決めつけの言葉が次々に浴びせられました。全て価値観の押し付けです。真に受けた私は、将来へのプレッシャーに押しつぶされそうになり、もう生きていけないと思いました。理由があったとしても、それがなおったらいじめは止まるのでしょうか？「いじめられる側にも原因がある」なんて言葉は、心に大けがをしている人、後遺症と戦っている人をさらに傷つけるだけです。

10代における未熟さゆえに、図らずとも相手に嫌がられる態度をとったことはあったかもしれません。私は、何がまずかったのかを自問自答しました。「あの時の言い方がいけなかったのかな」。ありそうな気もするし、「でもそれだけで、ここまで攻撃されなければいけないの？」という気もします。結局わかりませんでした。

卒業間近だったでしょうか。私は、主犯格の女子から嫌がらせの理由を告白されました。「気になっている男子と仲が良かったから」。あきれました。まさか、そんなことで？　本当にそうなの？　その男子とは委員会が一緒だっただけです。何か理由をつけなければいけないと考えたのかもしれません。他のメンバーにいたっては、理由さえなかったと思います。きっと、今聞いても覚えていないのではないでしょうか。こんなことで中学生活が潰れたのかと思うと、悔しくてたまりませんでした。自分を責めていたあの日々を、返して欲しいと思いました。

大人になってしまえば、「みんなと仲良く」なんて夢物語だとわかります。合わない人と距離をとることなんて当たり前です。自分に合った環境も選びやすいですし、何より無関係の人間にちょっかいを出す集団は明らかに少なくなります。地獄からは逃げて当然。つらい時に、今いる場所でどうにかしようと考える必要はありません。代わりに別の場所との交流を作ってみることをおすすめします。

私を救ってくれたのは、読書でした。私は幼い頃から本が大好きです。本は、いつも体験したことのない世界へと連れていってくれます。学校がつらかった時に出会ったのが、梨木香歩さんの『西の魔女が死んだ』（新潮文庫）という本です。中学生ながら「生きるとは何か」「死ぬとは何か」を考えるきっかけになりました。そして、〝自分で決めることの大切さ〟を学びました。

主人公の女子中学生〝まい〟も不登校。休養をとるため、〝西の魔女〟と呼ばれるおばあちゃんの家で生活する様子が描かれています。魔女修業をする〝まい〟。内容は、「規則正しい生活」と「何でも自分で決めること」です。〝まい〟は、悩みながらも自分らしさを取り戻していきます。私は、特別な環境にいる〝まい〟が羨ましくて仕方ありませんでした。私も逃げ場所を探していたのに、現実はあまりにもかけ離れていたからです。

ぎくしゃくした雰囲気の家、見るのも嫌な学校…。私がなんとかまともに過ごせたのは、塾でした。元々同じ学校の生徒がいない個別指導の塾に通っていました。登校していた時より成績も通う頻度も落ちましたが、余計なことを考える必要がありません。頑張りがきちんと評価される場所です。落ち着く空間というわけではないけれど、未来を見ることができました。

今つらいことがある人は、渦中の出来事から目をそらし続け、消耗を抑えてください。私の場合は、家でとにかく睡眠をとり、起きれば読書に熱中しました。『西の魔女が死んだ』に出会い、このようなすてきな本が世界にあふれているなら、生きている意味もあるように思えました。読書に親しんだ期間は、〝私〟をつくる大事な要素になっています。つらい現実ではなく、純粋な自分と向き合う時間でした。他にもピアノ、タイピングゲーム、チャット、動画視聴…。これらが私を支え、新しい刺激と可能性を与えてくれました。

ゆっくりで大丈夫。逃げ場所をつくって逃げまくりましょう。余裕があったら、〝好き〟を集めてみてください。いつかパワーがたまったら、その時から本当の人生が始まります。没頭できる場所、できれば普段の生活では味わえない、様々な価値観を見せてくれる場所を探すことをおすすめします。〝好き〟や〝やりたい〟が見つからなくても、「苦じゃないことで生きていく」ことも大切な視点だと思います。なんとなく続いていること、苦じゃないことを掛け合わせてみてください。

私はずっと〝好きなこと・やりたいこと〟を発揮できなかったからこそ、たくさん蓄えておいたエネルギーをユーチューブに放出し、自身を表現しています。「好きなものや思ったことをきちんと伝えてみたい。そんな私に興味を持ってくれる友達がいたら良いな」。少しの期待を持って、動画をアップし始めたのが4年前です。あれだけ人間関係に悩んでいた私には今、たくさんの仲間がいます。

ユーチューバーは10代に人気ですが、その理由は「理解者であるから」だと思います。『YouTube革命 メディアを変える挑戦者たち』（文藝春秋）という本に、面白い調査結果が載っています。

ティーンとミレニアル世代のチャンネル登録者にアンケート調査を行なったところ、回答者の40％が家族や友人よりもユーチューバーのほうが自分をよく理解していると答えた。さらにクリエーターが人生や世界の見方を変えたと答えた人は、60％にものぼった。（24ページ）

誰にだって、どこかに安心できる場所がほしいし、自分のことを知ってほしいと思う気持ちがあるはずです。

「You don't have to see the whole staircase, just take the first step.（階段の上まで見えなくていい。とりあえず一段登ろう）」

〝I Have a Dream〟の演説で有名なキング牧師の言葉です。私はこの言葉を、あるユーチューバーから知りました。憧れのクリエイター〝バイリンガール英会話〟チャンネルのちかさんです。ちかさんは、まだ〝ユーチューバー〟という言葉ができる前から、英会話のコツや楽しさを発信し続けています。嫌なこともあると思いますが、それを見せない強さと賢さを持ちます。さらに視聴者を優しく巻き込んでいます。「私はこういう人になりたい」と強く思いました。ちかさんは、英語に乗せながら、結婚や出産をはじめとして生き方そのものを発信しています。自分らしい生き方をしている人って尊敬しますよね。こういった憧れや共感を持てる人が〝理解者〟なのだと思います。

私が仲間のユーチューバーを見て思うことは、皆それぞれ生きづらさを感じる経験を持っており、これを打破するために自身の道を切り開いているということです。スマホ画面に映るユーチューバーは遠い存在ではありません。みなさんの近くで多くの可能性を示し、良き理解者となる存在ではないかと考えています。今日もどこかで誰かが、たくさんのメッセージを届けています。マニアックな趣味や専門的な情報を発信するユーチューバーも増えています。クリエイターへの共感はもちろん、そのファンも似たような価値観を持っている人が多いです。

約6万人の私の仲間も〝理解者〟です。「ベルさんと出会えて人生が楽しくなった」「お悩み相談配信のアドバイスどおり告白したら成功しました！」とうれしいコメントをくださる方もいます。お互いがお互いの理解者になれるすてきな瞬間です。２０１８年の夏、初めて交流会を開きました。中学1年生から50代の方まで、視聴者さん同士の絆《きずな》の深さを肌で感じた瞬間です。普段出会えないような人たちと、たくさんの価値観をわかちあえる機会になったのではないかなと思っています。言いにくいことはいったんおいてみて、好きなことを一緒に話してみましょう。それが階段を一段登ることだと思います。

世の中には、学校以外の世界がたくさんあります。だから、本当につらかったら学校に行かなくてもいいです。無責任な言葉だと言う人もいるでしょう。でも私は、３、４年の引きこもり生活の後、大人の言う「まともな人生」に戻った経験があります。それからユーチューバーになることを選びました。今のほうが断然楽しいです！　だから、みなさんに心を込めて、「自分を無くすくらいなら、学校に行かなくてもいい」と伝えます。

ただ生きているだけでいいです。あなたらしくいられれば、それでいい。長い人生の中で、チャンスはゴロゴロ転がっています。学生時代にはユーチューバーなんていなかったのに、ただ生きていただけで、いつの間にか人生の選択肢がひとつ増えていました。年を重ねれば重ねるほど〝生き心地〟が良くなっていると感じています。明日ではなく、もっと先の未来を少し信じてみてください。そこには、自分を認めてくれる世界がちりばめられています。

安田祐輔さん

DV・いじめ…「どん底」を見た元商社マンが「学び直し」塾を作った理由

発達障害、父からの暴力、いじめを経験しながらも大学に進学し商社に入った安田祐輔さん。うつ病の療養後、不登校や引きこもりを経験した人の学び直しを支える「キズキ共育塾」を設立します。10代の頃は「自分には生きる意味がない」と思い詰めていた安田さんですが、これまでの歩みを振り返り、「自分の物語を生きてほしい」と訴えます。

Twitter：@yasuda_yusuke

撮影：金澤ひかり

安田祐輔（やすだ・ゆうすけ）
1983年横浜生まれ。不登校や引きこもりなどの方を対象とした「キズキ共育塾」や、うつ病、発達障害の方のための就労支援施設「キズキビジネスカレッジ」などを運営する「キズキグループ」代表。著書に『暗闇でも走る』（講談社）。

発達障害の特性で、子どもの頃から花火の音や風船が割れる音が極度に苦手でした。また、集中し出すと周囲の音が聞こえなくなり、独り言をつぶやいているように周りからみられることもありました。そのことが、からかいの対象となり、いじめられることも多かったんです。また家庭でも父親から暴力をふるわれていました。

小学校高学年の頃には、日常的に暴力をふるっていた父親が家を出て行ったのですが、その後残された家族の関係もうまくいかなくなりました。そんな家庭環境が嫌で、全寮制の中学校に入学したのですが、そこでもいじめにあい、2年生で公立の中学校に転校、祖父母との同居も始まりました。その後は父の再婚によって継母と暮らすことになりましたが、ますます家に居場所はなくなっていきました。転校した先の中学と、その後の高校では、「暴走族の下っ端のようなこと」をする毎日でしたね。勉強も苦手でした。ただ、そんな現状が嫌だとは感じていて、「何かをみつけたい」と、もがき続ける日々を送っていたんです。

「人生が好転し始めた」と思うきっかけになったのは、２００１年の9・11アメリカ同時多発テロや、その後のイラク戦争の様子をテレビで見たこと。「なんで世界はこんなことになっているんだ。世界を変えたい、人生を変えたい…」。9・11当時は高校3年生だったんですけど、そんなことを考えるようになりました。そして2年間の浪人生活を経て大学に入学し、バングラデシュで論文を書いたり、映画を作ったりしていたんです。

大学卒業後は総合商社に入社。配属されたのは油田の投資に関する部署だったのですが、全然興味がなく全く集中できなかったんです。上司にも「油田が紛争の原因になっているることをどう思いますか」と議論を持ちかけ、空気が読めない発言をしてだんだんいづらくなっていきましたね。革靴を履くと足がムズムズするのもストレスでした。そして入社4カ月でうつ病と診断され、休職手当でなんとか生計を立てながら1年間自宅に引きこもりました。

「そろそろ社会復帰を考えよう」という時、まず自分にできないことは何かを考えました。会社員はできない、革靴は履けない…などと列挙するうちに、自分に合う働き方をするためには「起業するしかない！」と考えるに至ったんですね。そして、自分の体験に軸足をおいた、「学び直し」をうたった塾である「キズキ共育塾」を創設したんです。

でも、起業したからといって「おれ、経営者になったんだぜ、めっちゃ成功したぜ」ということでは絶対にないんですよね。経営者になった今でも、毎日苦しいことだらけで、何度もうつ病になりかけました。僕の経験から受け取ってもらいたいメッセージは「みんな生きるのが大変なんだ」ということ。

「生きるのが大変だから自殺を選んだ」や「生きるのが大変だったけど大成功した」という両極端のどちらでもなく、「なんとか生きている」というのが僕の現実。２０１８年に、自分のこれまでの半生を綴《つづ》った本、『暗闇でも走る　発達障害・うつ・ひきこもりだった僕が不登校・中退者の進学塾をつくった理由』（講談社）を出版したんですけど、その本には今も苦しいという気持ちを正直に書きました。苦しいことは隠すこともできるけど、今ももがいているんだという姿を正直に表現したかったんです。

起業する前に就職した総合商社の環境になじめず苦しみました。「自分が働くには自分に合った環境をつくるしかない」と思い、ある意味で仕方なく起業したんです。学び直しを支える塾を思い付いたのも、「自分にできることは勉強をして教えることぐらいしかない」と思ったから。こんな僕でもなんとか生きていけるんだということを伝えられたらと。

僕が立ち上げた「キズキ共育塾」では、何らかの事情で学校に行けなかった人に「学び直し」の場を提供しています。

学校は最大公約数としての役割は果たしていると思っています。ただ、学校がいいものだと思っている子が7割だとしたら、それ以外の3割の子もいます。僕は、その3割の子たちが苦しい思いをしないようにしたいと思っているんです。

僕自身は、不登校、中退の問題だけに関心があるわけではないんです。人間の尊厳を守られていない状況にある方々が、虐げられず「普通に」幸せになれる社会を創りたい。そういう意味で、不登校・中退によって学校生活にうまくなじめなかったり、社会で生きにくくなったりする人が、大成功しなくてもいいから普通に生きられるようなお手伝いをしたいと思っています。

ただ、勉強すること自体に価値があるとも思っていないので、勉強したくないのならしなくてもいいと思う。もし、もの凄くお笑いの才能があって芸人になれるのなら全然それでいいし、めちゃくちゃ体力があるのなら肉体労働を職にするのもいいと思っていて。でも現実問題として、人生をやり直す上で勉強は効率の良いひとつの手段であることは間違いないかなと。なので、キズキ共育塾で学ぶことによって職業的に自立できるといいなと考えているんです。専門的なものを学べば仕事の幅も広がりますし。それに、将来職業的に自立できると、コンプレックスや食いっぱぐれることも減ると思います。

人間って困難な状況に陥ると、頑張る気力が失われていくんですよね。しかも気力って、なかなか自分でコントロールできるものではないですし。だからこそ、僕らは生徒たちに「希望を見せる」ことが大事だと思っています。「なんとかなる！」という希望さえ持つことができれば、頑張れる人は多いと思いますし。

いま「消えたい」「しんどい」と思っている人たちに「生きていればいいことがある」とは、僕は言えません。でも、「生きていればいいことがあるかもしれない」ということは伝えたい。僕は10代の頃、「自分がいま消えたら、葬式で少しは悲しんでくれる人がいても、数カ月したらみんな忘れていくんだろう」とか「自分が生きる意味はない」と考えていました。普通の家庭なら「親が悲しむ」とか考えるのかもしれませんが、複雑な家庭環境で育った僕はそうではありませんでした。自分の生きている価値を感じられない、つまり決定的な自己肯定感の欠落です。30代半ばのいまになってもたまに「苦しいな」と思ったりします。

でも、僕はそんな経験があるからこそ、いま「苦しい」人に何かができる。

最近、キズキ共育塾の卒業生から突然「キズキをつくってくれてありがとう」とメールが届いたんです。それを読んだ時、「ああ、この世界に僕がいた意味はあったんだな」なんて思えるようになりましたね。それが僕をとても楽にしてくれています。それもあってか、20代はずっとメンタルが不安定だったけれど、いまはすごく安定している。自分の「存在価値」というものに対して必要以上に悩まなくなりました。

10代の頃と違って、いま僕が死んだら悲しんでくれる人が少しはいるんじゃないかと思います。だから、もしいま「自分に存在価値がない」と思っている人がいるとしても、20年くらいしたら意外に存在価値があると自分でも思える人間になっているかもしれない。実際に僕がそうです。なので、僕のような事例もあるということを知っておいてほしいと思いますね。

一色文庫の店主さん

「僕とじっと耐えましょう」悩める人が集まる古書店からのメッセージ

個性的なツイートが光る、大阪の古書店「一色文庫」。ある日、店主のもとに「死ぬ前に読む本はないか」とメッセージが届きました。店主が薦めたのは、意外な作品でした。

Twitter：@isshikibunko

撮影：小池寛木

一色文庫の店主（いっしきぶんこのてんしゅ）

大阪生まれ、鹿児島育ち。2004年に古書店「一色文庫」開業。告知用に始めたツイッターにハマリ、今では1日2回のツイートを日課にしている。本の話題以外にも、スナックのチーママとの掛け合いなど話題は豊富。独特の世界観にファンも。

㊟大阪市天王寺区東高津町9-24

「死ぬ前に読む本って、何かないですか」。2018年2月、こんなツイッターのダイレクトメッセージが届いたんです。「本を読むのも大事だけど、誰かに相談してください。もし相談する相手がいなかったら、うちに来てください。コーヒーでも飲んで、お話ししましょう」と答えました。その日に連絡がなかったから、もう一回メッセージを送ったら、「まさか返信が来るとは思いませんでした。こんな温かい言葉をいただけて、涙、涙です」と。

「もしよかったら好きな映画を紹介させてください」と、『男はつらいよ』を紹介しました。すると「4作、見ました」と返信がありました。ハマったみたいで、元気が出たようでした。『男はつらいよ』を薦めたのは、明るい作品がいいかなと思ったからです。あれこれ考えず、ぼぉーっと見られる。でも、なぜか知らないけど勇気づけられちゃう。主人公の寅さんはテキ屋で、放浪して、好き勝手に生きて行く。泣いて笑って、最後はハッピーエンドです。苦しい、死にたいと思っている時に、難しいもの見てもしゃあないと思って。

お店で悩み相談にのることもありますが、本にできることは限られていると思います。

活字を追うのもできないくらい悲しい時もあるかと思います。そんな時は、ひとりで抱え込まず、誰かに相談してほしいです。近くなら、うちで温かいコーヒーでも飲みながら、僕とじっと耐えましょう。適切なことは何も言えないけど、話は聞けます。

〈古本屋は町の保健室です。こんばんは。今日は、お客様に大雪山の新雪に埋もれて死にたいという悩みを真剣に打ち明けられました。悩みのない人生なんてないですね。書物は人間の苦悩の結晶です。現状、古本屋も大変苦悩してますが、蔵書とお悩みはまとめて古本屋へお持ちください。誠実に善処いたします。(@isshikibunko 一色文庫さんのツイッターから)〉

新学期が始まり、学校生活が憂うつな人もいるかと思いますが、なかなか十人十色の悩みを救う本の紹介は難しいです。ただ、真っ先に浮かんだのが、詩が好きな女子高生が書いたフリーペーパー『詩ぃちゃん』です。その中の、こんな一節を紹介します。

〈日常生活のふとした片隅に詩を思い出すことがあります。その時にその言葉は、時と

して文面に向かっている時より大きな効力を発します〈『詩ぃちゃん』から〉

毎日、1ページでもいいから読んでいると、悲しい時、うれしい時に聴く音楽があるように、悩める時に心に響く、自分を救ってくれる言葉を見つけられると思います。悩みのない人生なんてないと思います。そんな時に、本はほんの少しだけ、心の支えになってくれるかもしれません。本は自分では言葉にできない感情を文章にしてくれたり、誰もわかってくれない自分の気持ちを代弁してくれたりします。

〈・子供が本嫌いになる方法

子供が自由に本をに選べない。
本を読んだら首相になれるよと言われる。
ワンピースが読めない。
最後まで読み切らないと、いいね!がもらえない。
最後まで読み切ったら感想文をツイートしなければならない。

同じ本を繰り返し読めない。古本屋に寄り道できない。（@isshikibunko 一色文庫さんのツイッターから）〉

若い頃に影響を受けたのは、大学時代に読んだ植村直己さんの『青春を山に賭けて』（毎日新聞社）です。これは衝撃の一冊でした。古本屋でたまたま出会って、もう夢中になって読みました。植村さんは、世界ではじめて五大陸最高峰に登頂した探検家。最後は北米マッキンリーで消息を絶ちました。全てを投げ捨てて、自分のしたいことに突き進んでいく生き方に、ビビッときました。さすがに自分には最高峰制覇は無理やなあと。でも、日本縦断ぐらいならできるんじゃないかと思った。いても立ってもいられず、休学届けを出しましたね、発作的な感じに。北海道・稚内市から、鹿児島まで90日かけて縦断しました。テントで野宿しながら、1日40キロ歩いて。当時、大学はおもしろくなかったし、ワケもなく悶々《もんもん》としていました。縦断は現実逃避でしたが、そういう時、人を動かすような本に出会えたのは幸せでした。

〈学生時分、この本を読み感銘を受け、北海道から鹿児島まで徒歩で縦断しました。道中、ごはんを御馳走になったり、家に泊めて下さったりと多くの方にお世話になりました。あの時のご恩は忘れません。「こんなすごいことができる君は大物になる」と言ってくれた人、あなたの期待に応えられませんでした。（@isshikibunko 一色文庫さんのツイッターから）〉

大学卒業後、サラリーマンになりました。うつうつと言うことはないですが…、僕ね、友達みたいな人いないんですよ。何というか、連絡する人っていないんですよ。だから他人と関わることが、できないんじゃないかと思っていた。大学時代からずっと会社勤めとかはしたくなかったし、何か自分でやるんだと考えていました。会社員にはなりましたが、長く続けるつもりはなかった。

その時、『ku:nel』という雑誌に、ある女性が２００冊くらいで古書店を始めたと、記事に載っていました。その女性は本を売るだけではお金が足りないから、郵便局でアルバイトして慎ましく生活していた。「すごいな、こういう人生もあるんや」と思いました。まもなく、会社に辞表を出しました。本で人生が変わったことは確かなんですよ。「本を読むべきだ」とか「読むといいことがある」とか、あまり教訓的なことは言いたくないんです。読まなくたって生きていける。でも、読むと楽しいですよ。

〈13年前、古本屋を開業しました。こんばんは。僕は断崖絶壁に立ち、この古本業界の空を羽ばたくことができるか、それとも奈落の底へ叩きつけられるかの覚悟を持って飛び立ちました。13年かけてゆっくり奈落の底へ落ちていき、今にも軟着陸しそうです。まだ飛び続けたいです。本お売りください。（@isshikibunko 一色文庫さんのツイッターから）〉

〈人生で困難なことがある時、答えを出すために、ある人は聖書あるいは哲学書を開きます。友に頼る人もいます。漱石先生や百閒《ひゃっけん》先生、吉本ばななさんならどうするだろうと考えて書物を紐解《ひもと》く人もいます。こんばんは。僕が数多の困難を乗り越えることができたのも、ひとえに、しいたけ占いのおかげです。（@isshikibunko 一色文庫さんのツイッターから）〉

「学校きてね」「待ってるよ」
不登校の子どもがもらって葛藤する
「お手紙」問題に迫りました

学校に行かない、もしくは行けない子どもたちに、同級生などから手紙や寄せ書きが贈られることがあります。「私のことを考えてくれた」と思う一方、心にひっかかる人もいるようです。経験者の思いを聞きました。（取材／野口みな子）

いじめや不登校の経験者、当事者たちを取材し、リアルな〝声〟を届ける専門誌〈不登校新聞〉（NPO法人全国不登校新聞社）と協力して、不登校経験者を対象にウェブアンケートを行なったところ、20人から回答が得られました。そのうち、半数を超える11人が手紙や寄せ書きをもらったことがあり、それを「よかった」ととらえているのは、2人でした。他の9人は「よくなかった」もしくは「わからない」と回答しています。「よくなかった」と回答した理由には、「学校のことを考えるだけでも嫌だった（20代女性）」、「『待ってるよ』という言葉がつらかった（10代女性）」などがありました。さらには、「手紙をもらったことがない」と答えた人で、「よくなかった」と答えたのはごく少数。「よかった」の理由には、「もらっていたら、ストレスになっていたと思う（30代男性）」という声もありました。

学校に行かなかった時期、同級生などからもらったお手紙について

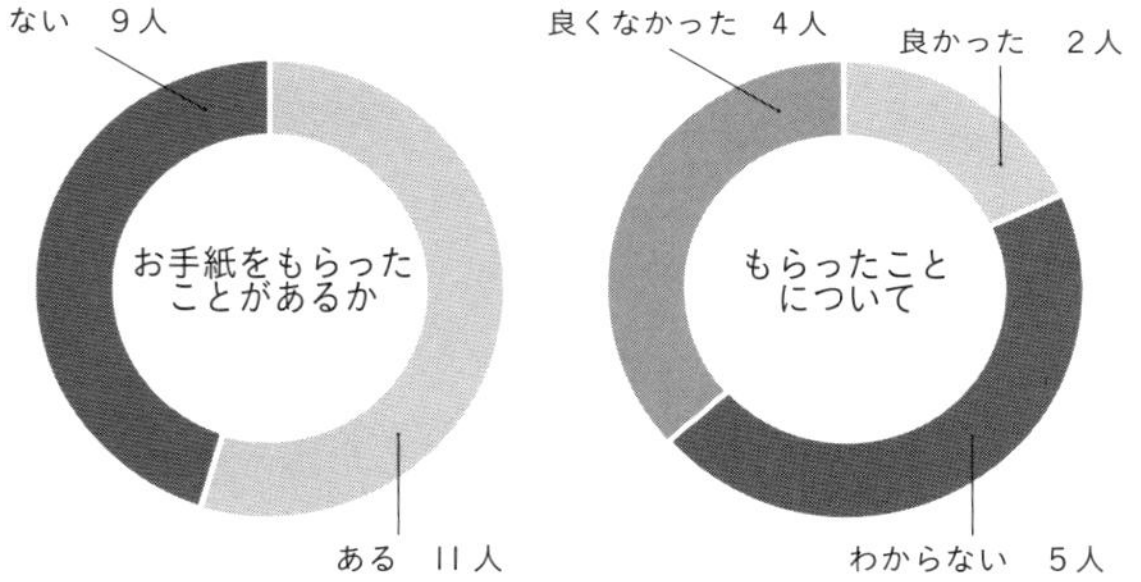

お手紙を「もらわなかった」ことについて

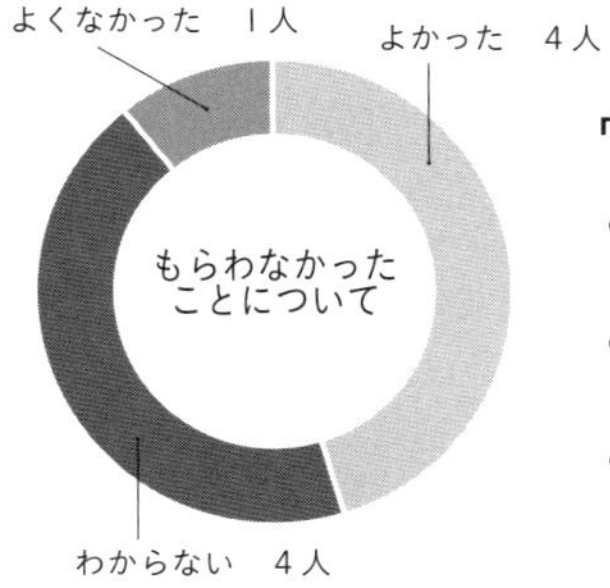

「よかった」「わからない」理由
（抜粋）

- もらっていたら、ストレスになっていたと思う　（30代男性）
- 「学校においで」など、読んでもつらい思いをするはず　（20代女性）
- うれしいかもしれないが、もらっていないのでわからない　（20代女性）

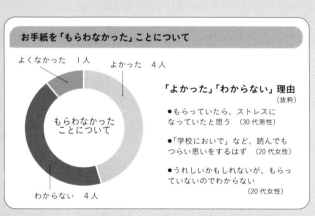

「うれしいという気持ちはまったくなかった」と振り返るのは、東北地方に住む20代のワカナさん（仮名）です。中学2年生のクラス替えから人間関係に悩み、学校に居場所がないと感じていました。次第に朝起きづらくなり、学校に行けなくなったといいます。母親からの理解も得られず、それは「自己否定」を続ける日々の始まりでもありました。

学校に行けなくなって間もなく、ある手紙をもらったそうです。差出人は、小学校が一緒だった数人のクラスメイト。そこには「待ってるよ」「学校に来てね」など、登校をうながす言葉が書かれていました。受け取ったワカナさんは、「『不登校の子』として見られているなって思いました」

ワカナさんが感じ取ったのは「不登校の子をみんなで励まそう」という構図。手紙や寄せ書きという「特別な」コミュニケーションによって、「学校に行けない自分」が際立ち、怒りやみじめさを感じたといいます。

「教室でひとりでつらかった時、誰も興味を示してくれず、何もしてくれませんでした。それなのにいきなり手紙だけもらっても…。もしも学校に行ったとしたら、誰かが何かをしてくれたのでしょうか？」

数年前の出来事でも、ワカナさんの声には力がこもります。「この状況になったら、どんなことをしてもらっても気を遣います。してほしいことは、何もありませんでした」

アンケートで手紙をもらったことを「わからない」とした回答には、「優しい言葉ばかりでうれしい半面、『どうして私は行けないのだろう』とつらくなった（10代女性）」などの理由もありました。「よかった」「よくなかった」では言い表せない、複雑な心境が垣間見えます。「自分のために誰かの時間を割いてしまっているのが申し訳ない」という声もありました。

中学3年生のユウカさん（仮名・女性）は、クラスメイトからの寄せ書きに目を落としながら話してくれました。「はやく学校きてね」「待ってます」「体育祭きてください」…。中3になってからもらったという寄せ書きには、クラス全員分のメッセージが。その中には、隣接する言葉がかぶっているものがちらほらありました。

ユウカさんが学校に行きづらくなったのは小6の頃。寄せ書きにある知らない名前に「きっと先生に頼まれたのだろうけど、何を書いたらいいか迷ったと思う」と気遣います。「もしかしたら周りの子が書いたものをまねしたり、先生が言ったことを書いたりしたのかもしれません」
ユウカさんは「時間をつくって書いてくれたのだと思うと、申し訳ないです」と肩を落とします。メッセージ自体には負担を感じていないといいますが、「迷惑をかけてしまっているのでは」ということが気がかりだったそうです。

そんなユウカさんにとって、「涙が出るほどうれしかった」という手紙がありました。それは幼稚園の頃から仲の良い親友からもらった手紙です。

【私はちゃんとユウカちゃんを支えられている？　私はいつもユウカちゃんに支えられているよ。２人のきずなは誰に何を言われても、何があっても絶対に消えないからね】

学校に行けなくなった当時、ユウカさんは「自分でもどうして行けないのかわからなかった」そうです。周囲の人に「どうして学校に来ないの？」と何度も聞かれ、「理由が答えられないのもつらくて、聞かれても別の話にすり替えていました」

手紙をくれた親友は、ユウカさんが学校に行きづらくなってからも、変わらず接してくれたといいます。「私はこの子がいるだけでいい」とユウカさんは微笑みます。

この記事をwithnewsで配信すると、ツイッターなどで手紙や寄せ書きに関する多くの意見が集まりました。目立ったのは、手紙を「爆弾」と表現するほどの強い嫌悪感です。寄せ書きの書き手にいじめの加害者が含まれている場合、受け止め方はさらに重くなります。「うれしかった」と思いながらも、投げかけられた言葉から、相手の気持ちを探って疲れてしまったり、自分を責めてしまったりすることもあります。みんなの「善意」が見えるからこそ、ネガティブな思いを呑《の》み込んでいる実情も見えました。

一方、手紙や寄せ書きを指導していた教師はどんな気持ちだったのでしょうか。

「手紙の指導は、ある意味教育業界の『伝統』のようなもの」と語るのは、小学校で教員として働いていた男性（30代）です。

「でも、何かしらの効果があるからこそ、受け継がれていると思います。いかに柔軟にとらえるのかが大事なのではないでしょうか」

男性がこう語るのには、10年ほど前の経験がありました。小学校高学年の副担任を務めていた頃、クラスには不登校の女子児童がいました。忙しい担任に代わって、男性は児童の話を聞くようになったそうです。男性の目には、児童は「ネガティブな思考にとらわれ、周囲の人が信頼できない状態」に映っていました。

児童の疎外感をやわらげ、受け入れられているということを示すために、男性は話を聞き、「心配しなくても大丈夫だよ」と声をかけ続けたそうです。その間、児童は学校には登校するようになったといいます。

「学校は全てじゃありません。他に選択肢があれば学校の役割は補完できますが、それを自分で揃《そろ》えるのは大変です。学校にも居場所はある、ということを伝えていく大切さを感じました」

男性は声かけだけではなく、「もっとできることはないだろうか」と考えるようになります。数年後、別の小学校で担任したクラスにも、不登校の男子児童がいました。児童には軽度~中度の知的障害があり、前の学年からひやかしを受けたり、からかわれたりしていたそうです。男性が担任になってからクラスメイトに指導を続けると、児童への反応はやわらかくなっていったと話します。

column 2

「男子児童と話しても、学校が嫌いじゃないということは伝わってきました。だけど、まだクラスの雰囲気を疑っていたのだと思います。すぐに信じられなくても、心配している子もいると知ってもらえれば」と、授業の合間に「手紙を書こうと思うけど、どうかな」と呼びかけました。ある女子児童が「私も」と手を挙げると、2割程度の児童が賛同したそうです。寄せ書きには「2学期こんなことしたよ」、「○○くんが、こんなことしてたよ」など、「いわゆる『テンプレ』ではなく、自分で考えた言葉が集まった」と男性は話します。『みんなで書こうよ』と呼びかけることもできましたが、自発的に書いたほうが気持ちがこもるじゃないですか」

寄せ書きは男子児童の母親に渡しました。児童が手紙を読んだかどうかはわかりませんでしたが、感謝する母親の顔を見て「意味があった」と感じたそうです。男性は「手紙がプレッシャーになる」という意見にも理解を示し、あくまで児童の様子を見て判断するべきだと話します。「でも何年か後に、『自分のことを想ってくれる人がいた』と気付ける可能性があるならば、誰も手を差しのべてくれなかったことより、救いになるのではないでしょうか」

数年前まで福岡県内の小学校で教師をしていた男性（40代）も、不登校の児童に宛てた手紙を指導したことがありました。ところが、「手紙で何かが変わるとは思えなかった」と話します。

「家庭訪問しても児童に会えず、にもかかわらず教頭は『家庭訪問しろ』の一点張り。どうしていいかわからなかったです」

朝、連絡なく児童が登校していないと、学校を抜けて自宅に訪問。都合がつかない時は放課後に訪ねることもありました。でも、インターホンに反応はなく、児童にも会えません。男性は家庭訪問について「安全を確認する目的もあった」と話します。それでも、やみくもに訪問を繰り返すことに、納得はいっていませんでした。

「無理にでも学校に来ればなんとかなる」とは思えなかったと打ち明ける男性。「不登校の理由もそれぞれで、その子の人生の全てを学校でまかなえる訳ではありませんから。学校の役割を他のところでフォローできればいいと思っています」

でも、児童の家庭と学校の管理職の板挟みで、市のスクールカウンセラーに相談する時間もとれません。職員室には「不登校は担任が対処するもの」という雰囲気があったといいます。男性にとって特に気が重かったのは、学校で月に一度行なわれる定例の会議でした。児童に関する情報を共有する場で、「管理職や同僚から『何もしていない』と思われるのがつらかった」と吐露します。

「何も変わらない」と思いながらも、この状況から脱するために、「お手紙」をクラスの児童に呼びかけました。すると、クラスの2割前後の児童が、ひとりずつ手紙をしたためたそうです。ちらりと読むと、「心配してるよ」の文字。児童を傷つけるような言葉はなく、胸をなでおろしたといいます。

手紙は児童の家の郵便受けに入れ、読んでくれたかはわかりません。男性は当時のことについて、「『自分が担任の時だけでもいいから何とかして学校に来てほしい』、教師がそう思ってしまうのも仕方ないと思う」と振り返ります。

手紙の向こう側には、担任が孤立してしまう構造があったのでした。

NPO法人日本スクールソーシャルワーク協会の山下英三郎名誉会長は、手紙について「学校に来られない子どもをみんなで励まそう、という『善意』がベースにある」と話します。

手紙を受け取った生徒が反応しなかった、もしくはできなかった場合、手紙を送った生徒が「いいことをしたのに、あの子は何もしなかった」と否定的な見方を強めてしまう可能性もあると指摘し、手紙には慎重な姿勢を示します。「本人にとってプラスになるという根拠がない限り、やめていただいたほうがいいと思います」

今回ウェブアンケートに協力した不登校新聞の小熊広宣事務局長は「先生から見て『これがいい』というひとつの正解に拠って立つのではなく、『その子にとって今何が必要か』という視点に立つことが大切」と話します。一方、管理職からのプレッシャーと子どもや家庭との間で、板挟みになる教師の苦悩も感じるといい、「安易に担任の先生を非難すべきではない」とも語ります。

「『今はそっとしておく時期だから、何もしない』という『指導』があってもいいと思うんです。何かすることを積み重ねていく〈足し算〉ばかりが『指導』ではない、と」

学校行事などで、クラスで一致団結する場面が増える季節には、不登校の子どもに手紙を書くという選択肢が挙がるかもしれません。小熊さんは「そういった機会に、一度立ち止まって考えてみませんか」と呼びかけます。

「学校にも居場所があるよ」と伝えたい先生、「みんな待ってるよ」と書いたクラスメイト、それに勇気づけられている保護者…、不登校の子どもたちはそんな人たちの「よかれ」を感じ取っています。でも、その「よかれ」が、自分の求めていないものであったら、「NO」と言っていい。自分の心の安寧を、これ以上削る必要はありません。

もちろん、手紙をうれしいと感じる子どももいます。でもそれは、不登校にむやみに触れず、特別視しない内容だったり、信頼関係がある相手からだったり、「うれしい」と思うそれなりの理由があるからです。だからこそ、議論をしてほしい。「本人はどう思うだろうか」というひと言が、学校に増えることが大事なのだと思います。

蛭子能収さん

「仲間外れにしてほしかった」蛭子さんが群れなかった理由

中学時代にいじめを受けていたという漫画家・蛭子能収さんは「友達は無理につくらなくてもいい」と話します。つらい学校生活を経て、編み出した蛭子流「友達論」。学校や人付き合いに悩む10代に向けて語ってくれました。

Twitter：@ebisu_jp
Blog：ameblo.jp/ebisuyoshikazu/

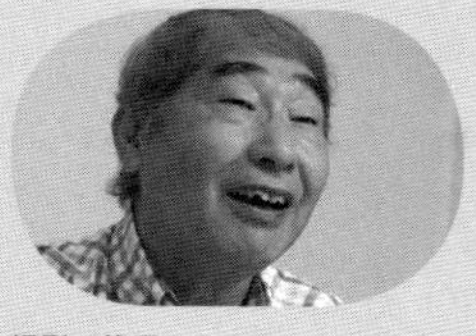

撮影：篠塚ようこ

蛭子能収（えびす・よしかず）
1947年、熊本県生まれ。生後すぐ長崎市に移る。高校卒業後、ちりがみ交換の作業員、掃除用品の営業マンなどを経て33歳で漫画家に。「ヘタウマ」な画風の草分け的存在で、不条理な作風で注目を集める。タレントや俳優としても活躍。著書に『ひとりぼっちを笑うな』（角川書店）、『地獄に堕ちた教師ども』（青林工藝舎）など。71歳

中学2年生の時に、不良グループからいじめを受けていました。グループの下っ端扱いされて、後片付けをさせられたり、カバン持ちをさせられたりしていました。でも抵抗はしませんでした。「俺は絶対負ける」っていう自信があったんですよ。情けないんですけど。殴られるってことが一番嫌でしたね。ただ、「なんばすっとかー！」って言うくらいの抵抗でした。だから、おもしろがっていじめてたんじゃないですかね。

先生がなんで救ってくれないんだって思いはありました。先生だったら、生徒の様子を見ててわかりそうなものじゃないですか。もう学校を辞めたいくらい嫌でした。

家に帰ると、好きだった漫画をひたすら描いていましたね。いじめを受けた悔しさを絵にぶつけていた感じです。自分をいじめた人をひそかに「敵《かたき》役」にして、めちゃくちゃ倒す、というようなものを描いていました。

高校で美術部に入ってから、学校に行くのがすごく楽しくなりました。ひとりで黙々と、絵を描くだけなんですけど、それが静かで平和で、すごくいいなあって。自分には合っていましたね。

学校やクラスなど環境が変われば、いじめはなくなります。俺はそれまで我慢しました。

俺ね、友達をつくるのがすごく苦手だったんですよ。無理して他人に合わせていると、気持ちが疲れてきますから。学生時代はほとんどひとりで過ごしていました。

「友達」って、いい場合もあるけれど、悪い場合はそこから抜けられなくなって、恐ろしいことになる可能性もある。変な友達をつくると、その人から逃れられなくなっちゃうんですね。

地獄のような目に遭いたくなければ、友達をつくらないほうがマシです。それは俺、はっきり言えます。もし友達をつくるんだったら、深く付き合わないことですね。広く浅く。何人もいる友達の中のひとり、そういう感じで接したほうがいいです。

深く付き合うのはやめたほうがいいと思う。ひとりと長く付き合うと、その人の性格がだんだんわかってくるに従って嫌になってくるので。いつでもその人から逃げられるような、離れられるような感じの友達だったらいいと思います。

性格とか見抜けない間は、あまり深い付き合いはしないほうがいいですよ。中学生くらいは、そういうことがわからないんですね。高校くらいになって、やっと相手の性格がわかってくるものです。

この人は絶対安全だと、わかってきた時に、ちゃんとした友達をつくればいい。付き合っていても割とさらっとしているし、いさかいもなく平和的に付き合いをやめることができそうな人なら。

そうしないと、すごい疲れることになるし、つらい思いをすることになります。友達に気を使うあまり、だんだん自分が疲れてきますから。誘われても断ることができる。そういう人こそが「真の友達」だと俺は思う。あいつに誘われて仕方なく行くかという感じだと、どこか操られています。悪い人なら一緒に悪いことを働かざるを得なくなる。本当、友達っていいようであって「毒」があります。

最初友達だと思っても、相手の性格をきちんとわかっていないもの。だんだん、横柄になってくる人がいるから。俺が命令されるほうだったので。だいたい、いつの間にか「蛭子、あれ買ってきて」みたいな関係になっています。

たとえば、今日は映画を見に行こうかなと思っていたら、友達から「これから野球するよ」って電話がかかってきたらガクっとくるじゃないですか。そんな感じで、友達って自由を奪う存在にもなり得るんですね。

それなら、少しずつ遠ざかっていったほうがいいですよね。急に態度を変えるのは変だから、ゆっくりゆっくり離れていく。10代のころは誘われても断れず、どんどんその人に付き合うんですよね。落ちていくというか、変なことになっていく可能性がある。気をつけたほうがいいです。

誰でも彼でも友達さえつくればいいんだよ、という考えはないです。無理して人に合わせて生きるのは本当につらい。ひとりぼっちでもいいんですよ。そういうことを広めていければいいなとは思います。

学校の友達グループの中に入って活動するのは、俺は好きではないです。無理して人に合わせて、その中にとどまっていると、あとから窮屈な思いをすると思います。

中学時代にいじめを受けたことが大きいです。「蛭子、来いよ」って、不良グループからよく誘われました。だいたい俺が手下みたいにいろいろ買ってくるとか、使い走りでした。

行っても全然おもしろいことないんですよ。行かないと呼び出しくらって殴られるんですよね。

仲間外れを怖がる人もいますが、俺はむしろ、仲間外れにしてほしいって思っていました。群れないほうがいいに決まってますよ。

グループとか群れでは、強そうな人が一番上になります。大将格か、家来格か、そういう風に分かれていくもの。得するのは命令する立場になる力の強い人ですね。自分の性格はだいたい命令されるほうでしたから。

俺は一番下っ端の使い走りなのに、先生から真っ先に怒られていました。よく教室で立たされていましたね。本当、この学校を辞めたいと思っていました。

今は、スマホなどのSNS上でグループができて、そこでいじめられることもあるけど、俺ね、そこからはじかれたほうがいいと思っているの。今はネットでやり取りするので、すごい簡単に呼ばれると思うんですけど、あまりそれに乗っかるとね。グループから離れられなくなるのは本当につらいと思う。

もし、そのグループのリーダーみたいな人の言う通りにしないといけないようなグループだったら、即刻抜けたほうがいいと思う。ひとりでさびしくても、そのほうがマシです。

ひとりぼっちになるのは、勇気がいります。だけども、この人の言うがままに動かされているって察知したら、断ってほしい。

窮屈だと思ったら早め早めに抜けたほうがいい。離れたいんだということを、少しずつ行動で示しておいたほうがいいです。「僕は今日は行けない」って、2日にいっぺんとかやって少しずつね。そしたらあいつはダメだと仲間が勝手に判断してくれます。

趣味が合うグループならいいですね。(自分が好きな)絵を描くグループとかなら。でも、そういうのがね、なかなかないんですよ。恥ずかしいじゃないですか、絵を描くグループって。しかもちょっと強いグループから馬鹿にされるかもしれないし。でもね、そう思われても微動だにせず、絵を描いておけばいいんですよ。俺はそうでした。

ひとりぼっちの哲学は、もう性格ですね。自分自身、我慢強いと思います。嫌なことも割とずっとやるタイプでした。いじめられながらも学校に通い続け、高校卒業後に看板屋に就職した時も嫌だ嫌だと思いながら続けていました。それがよかったかどうか、自分でもわからないですけどね。

とにかく俺は自由なほうがいいな。苦しい思いをしてまで、人に合わせることはないかなと思います。

寺坂直毅さん

「自分のハガキが読まれた！」深夜ラジオに救われた不登校の夜

『星野源のオールナイトニッポン』（ニッポン放送）の放送作家としても知られる寺坂直毅さんがラジオの世界にのめり込んだのは、不登校だった中学2年生の時。母親にラジカセを買ってもらったことがきっかけでした。自らの投稿が読まれた時は「自分が存在しているんだ」とラジオに救われたそうです。定時制高校時代には、高校をラジオ局に見立てて通学していました。「好きなものを探してみて」と話す寺坂さんに、ラジオの魅力を聞きました。

Twitter：@terasakanaoki

撮影：池永牧子

寺坂直毅（てらさか・なおき）

1980年生まれ。放送作家。『星野源のオールナイトニッポン』（ニッポン放送）、『うたコン』（NHK総合）などを構成。宮崎県で高校卒業までを過ごし、専門学校入学のため上京。デパートの知識が豊富で、『胸騒ぎのデパート』（東京書籍）の著書もある。

僕の不登校は中学2年の夏頃から。言葉遣いをからかわれたりして、中学は大嫌いでしたね。学校に行かなくなる直前は、父親が学校に連れて行こうと、学校まで車で送ってくれていたのですが、私は休む理由がほしい。だから、朝食と少しの水を口に含んでおいて、校門前で吐いていました。嘔吐《おうと》のふりです。そして不登校が始まり、その後はその中学校には一度も行きませんでした。

そんなある時、理由はわかりませんが、母がラジカセを買ってくれました。その頃は、昼夜逆転の生活。ふと深夜にラジオをつけたら『中居正広のオールナイトニッポン』が放送されていました。多分、『がんばりましょう』の初オンエアと言っていたという気がします。

僕の中では、ラジオは夜中は放送されないものだと思っていたので、この時間に起きている人に向けてやっているんだというのがまず驚きで、それをきっかけにラジオを聴き始めるようになりました。ラジオには「居心地のよさ」みたいな感覚がありましたね。不登校時代で一番悩んでいた頃、あるＦＭ番組のＤＪが「学校なんて行かなくていいんだよ」って言っていたんです。学校に行っていないと、「行かないといけない」って思うじゃないですか。地元だと後ろ指こそ指されなかったものの、「引きこもり」は生きづらかった。でも、ＤＪのその言葉で、楽になった覚えがある。ラジオは、そうやって安らぎを与えてくれました。

毎日、夜中はラジオを聴いていました。中学生のときに誕生日か何かで携帯ラジオも買ってもらうほどラジオ好きで。小学生の頃から、よくひとりで旅行に行っていたのですが、たとえば、住んでいた宮崎から大阪に高速バスで行く時などは、大阪までの道路を全部調べて、そこで聴けるラジオの周波数も全部調べました。ＲＫＫ熊本放送、ＫＢＣ九州朝日放送、ＫＲＹ山口放送、ＲＣＣ中国放送…というように。旅のおともにラジオを聴いていました。だから、「大阪に行くとこの番組が聴ける」とか「東京に行くとあの番組が聴ける」などと楽しみにしていましたね。もちろん地元の宮崎でも聴いてたし、歩きながらも聴いていました。

『ナインティナインのオールナイトニッポン』で初めて投稿が読まれたときは、もう、うれしかったですね。興奮して家族を起こしちゃいました。「読まれた読まれた！」と。学校に行ってないような人間の投稿がラジオで読まれたことで自信が湧いたんです。

認められたというか「自分が存在しているんだ」という感じでした。投稿を読まれてからは、テレビで活躍するナインティナインをみる目が変わったんです。知っている人、というか。おふたりの放送の中に、何かしらを残したんだという感じです。録音しておいたカセットを編集し、何度も何度もそこだけ聴きました。

当時は地元から（ニッポン放送のある）東京の有楽町まで、はがきが届くかどうかも不安なわけです。なのでポストじゃなくて宮崎中央郵便局に行って出しましたね。それほど真剣でした。

高校生になると、文化放送で『今田耕司と東野幸治のカモン！ファンキーリップス』がスタートし、はがきを投稿していたのですが、宮崎では深夜0時から1時までしか流れない。でも番組自体は2時までやっていました。2時間全部聴きたいから、1時までは（周波数が）９３６kHzのＭＲＴ宮崎放送で聴いて、そこからは１１３４kHzの文化放送を聴きたいので、でかいラジカセを持ってベランダに出て、ラジカセを東京に向けて雑音混じりで番組を聴いていましたね。

宮崎放送で1時にその番組が終わる時、毎回同じテープが流れるんです。「ここで文化放送以外の方とはお別れです」と。そして、「このあとも聴きたい人は東京に行って聴いてください」と言うわけです。それを真に受けたというか。知識を広げるには東京に行くしかないなと思った。

いま、放送作家としてラジオに関わっていて感じるのは、いいパーソナリティは、ラジオの向こう側のリスナーひとりひとりに語りかけるように話しているということです。僕もラジオを毎晩聞いていた当時は、ラジカセが放送局の局舎にみえていました。そこに「こびと」がいるような気がしてくるんです。そのこびとたちがラジカセの中で動き回って番組を作り、僕だけのためにやってくれていると想像していました。だからラジオの世界が心地よかったんじゃないかなと思います。

高校時代、妄想のラジオ局「東放送」を立ち上げていました。高校が「神宮東1丁目」にあったことから、学校を「東放送神宮放送センター」とし、「学校に登校する」ではなく「パーソナリティとして出勤」するという設定で学校に行っていました。高校に楽しく通い続けるための作戦です。あの頃は本気だった。

「東放送」はテレビ局も持っていたので、近くの公園は「東放送文化公園放送センター」としてバラエティーを撮っていたし、近くのレンタルビデオ店は「東放送メディアシティ」として、そこではドラマを撮っていた。「神宮放送センター」(学校)と、「文化公園放送センター」(公園)、「メディアシティ放送センター」(レンタルビデオ店)を循環するバスもあった。学校にいても、そこは「東放送神宮放送センター」なので、職員室はアナウンス室、体育館はイーストスタジオ、などと細かく設定していたし、「文化公園放送センター」ではフェスもやってるイメージもあった。自分の中で世界ができあがっていました。

進学した定時制高校のクラスには「やんちゃ」をしたことのある同級生もいれば、70歳くらいのおばあちゃんもいたし、コンビニでアルバイトをしていた24歳の同級生もいました。36歳くらいの女性もいたかな。そんな環境を「おいしい」と思っていましたね。自分が10代なのに、大人たちといるのはすごくたのしかった。不登校経験など何かしら悩みを抱えた人もいたし、普通の大人もいて、ある意味「社会」でした。僕は、養護学校を卒業していて、名簿の出身中学のところには養護学校って書いてある。でも誰も

「病気なの?」とかは聞いてこなかったんですね。みんなそれぞれ苦労しているから、「他人に干渉するのはやめよう」という雰囲気があった。それが心地よかったですね。面倒なこともあったけど、居心地はよかった。高校時代のラジオ局の空想は、そんな生活をより楽しくするためのものでした。

一方で、当時は「地元」がつらかったという思いもあります。あと何日で卒業ってカウントダウンしていたくらいです。僕の場合は、地元がしんどかった。引きこもりだからといって後ろ指さされることはないけど、町が狭く生きづらかった。

同じように地元がしんどいと思っている人に言えるのは、「旅をしてみて」ということかな。外に出て、好きなものを探してみることも、いい経験になると思います。

マドカ・ジャスミンさん

自殺未遂も経験した元不登校児が語る「恥ずかしさも後ろめたさもひとつの個性」

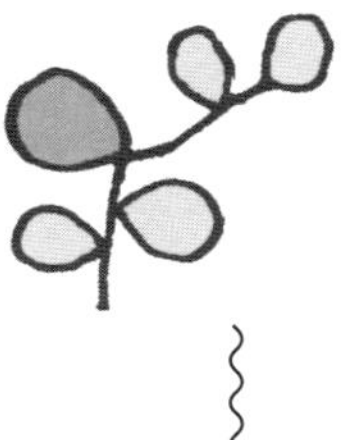

ブログで性感染症（ＳＴＤ）にかかった経験を告白したライターのマドカ・ジャスミン（マドジャス）さん。現在は性の問題など、高校生を中心に女性からの相談に乗っていますが、小・中・高校時代には不登校の経験がありました。何度も不登校を繰り返して気づいたことは、「学校は全てではない」ということでした。

Instagram：instagram.com/mdk_jasmine
Twitter：@mdk_jasmine
Blog：https://lineblog.me/mdk_jasmine/

撮影：滝口信之

マドカ・ジャスミン
1995年、神奈川県生まれ。ライター。Twitterで性の問題など、若い女性を中心に相談に乗っている。著書に『Who am I？』(KADOKAWA)。

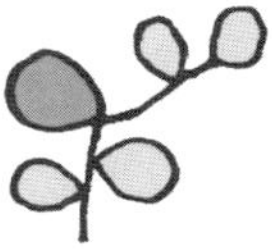

学校って生活の全てではなくて、生活の一部なんだと思います。自分の居心地が良い場所が学校である必要はないんです。不登校の子は学校が全てと考えがちですが、「学校はツールで、君のすべてではないよ」と伝えたいなと。

小学生の時は、集団生活が嫌いで学校に行くのが嫌でした。朝起きると、急に学校に行きたくなくなる。運動ができず、体育の授業などがあるとずる休みをしていました。当時、私の、いちばんの理解者だったのは母親でした。その後、両親の離婚があり、最初はそんな母親と生活することを選び、転校。でも、母は再婚し、すぐに妊娠。わがままが言える環境ではなくなり、窮屈さを感じるようになりました。

父も嫌いではなかったので、現状で父と母、どちらと生活した方が生きやすいかを考えましたが、母と一緒に暮らすと、どうしても再婚相手のことを気にしなければならず、今まで通りの生活ができる父を選んで父子家庭で育ちました。でも学校に行きたくないことは変わらなかったので、朝は「行ってきます！」と家を出て、学校に行ったふりをして家に帰ってきていました。そのうち父がそのことに気づき、戻ってきたら家の前に立っていて、無理やり学校に連れて行かれたこともありました。

学校では、教室に行かずに保健室に行っていましたが、小学5年生から徐々に教室にも行けるようになりました。どうやらクラス替えの時に、父が「仲の良い子と同じクラスにしてください」とお願いしてくれたみたいで、そのことも大きかったと思います。その後は自分の得意だった勉強や絵を描くことで周りの子たちから評価されて、自分の居場所をつくることができました。

中学生の時は、バレーボール部に所属していました。周りからは「アイツがバレー部?」などと驚かれましたが、朝練などにも真面目に出ていました。3年生が引退し、自分たち1年生の代から主将を出すことになり、私は主将になりたかったのですが、自分からは「主将になりたい」と言い出せなかった。主将になるために、いろいろなことを諦めずに頑張ってやってきたのに主将になることができず一気に目標を失ってしまい、「なんでバレー続けているんだろう」と思って部活を辞めました。それをきっかけに、部活の友達だけでなくクラスの友達からも無視されるようになってしまい、不登校になってしまったんです。

中学2年で教室に行けるようになれたのですが、その時も小学時代から仲の良かった子と同じクラスになったことがきっかけでした。

孤立した時は基本的に学校の外に居場所を求めました。例えば中学生の時は塾に行っていて。学校で授業を受けていない分、勉強だけは頑張らないと、と考えたからです。引きこもるのではなく、外に出て、街に出れば変わると思っていました。でも高校の時はなかなか逃げ場がありませんでした。高校は、私服の学校だったので、周りが紺のブレザーで登校しているのに、ベージュのブレザーを着たり、ハイヒールにワンピースで登校していました。周りからは、「なんだアイツは?」、「1年生にキャバ嬢がいるぞ!」などと言われるようになり、学校に行っても授業をサボる子たちと一緒に行動するようになりました。

高校1年の時に、友達のひとりとあることで揉《も》めました。グループの中心の女の子です。周りの子にも「謝って」と言われました。でも、悪いことはしていないと思ったので拒否をしたら、自分の居場所がなくなってしまったんです。父にも相談できませんでした。ＳＯＳの出し方が分からなくなっていたんですね。そしてついにトイレで自殺未遂をしてしまったんです。意識が朦朧《もうろう》としている時に、駆けつけた救急隊の人に「死んじゃダメだよ」と言われました。父が必死の様子で駆けつけてきたんですが、「自殺なんてダメだ」と言った瞬間の父の顔を見た時に、「なんでこんなことをしたんだろう」

と思ったんです。だからこそ、いま引きこもっていて、自分ひとりで何かを解決しようとしている人には、決して無理をせず、ドンドン外に出てほしいなと思うんです。外に出ることで相談を聞いてくれる人に出会えるかも知れないので。

昔の私のようにSOSの出し方が分からない人もいると思いますが、「周りの目を気にしない」ことだと思いますね。私自身もそうでしたが「自分をよく見せたい」と思っている人が多いと思うんです。

「周りの目を気にし過ぎるのは良くない」って、大学受験に失敗して気付きました。小学生の頃から、とくに理由もなく「慶応に行く」と宣言していたんですけど、いま考えると、ただ慶応って肩書がほしかっただけ、周りからよく見られたかっただけだったんだと思います。高校では単位が取りきれず、高卒認定試験に合格して大学受験に臨みましたが結果は不合格。浪人するか考えたときに、「慶応の学生」って肩書がほしかっただけで、「本当に大学に行きたいのか」に対する答えがありませんでした。あやふやな気持ちだったので、大学に進学しないことを決めました。

「他人からよく見られたい」というのは誰でも持つ感情だと思うのですが、周りからよく見られたいためだけに無理をする必要はないと思いますし、むしろ、恥ずかしさや後ろめたさは、その人の個性であり魅力だと思います。私はよく父子家庭や中卒であるということを友達に話していました。ある時、とある先輩に「悲劇のヒロインぶっているんじゃないよ」、「中卒に固執しているだけじゃないの」と言われ、父子家庭という環境や中卒であることに固執している自分に気がつきました。今ではそれはそれで「マドカ・ジャスミン」というひとりの人間を構成しているアイデンティティ、個性なので、大事にしていきたいと考えるようになりました。

自殺を考える若者たちに呼びかけたいのは、興味本位で死ぬことを肯定する大人にまともな人間はいないということ。今の時代、不安なときはネットに居場所を探しがちです。でも、ネットの情報全てが正しいわけではありません。ネットの情報をひとつのアドバイスとして受け取るのはいいと思いますが、その情報だけを信じるのではなく、多くの情報から自分なりの考えを導くべきだと思います。死んでしまったら、その先どうすることもできないので。

虹山つるみさん

不登校をセパタクローが救う！
異色の小説、作者の「過去」

小説『セパ！』（ポプラ社）は、ちょっと不思議な設定の作品です。主人公は、劣等感のカタマリ、自信なし、コミュ力なしの男子中学生。学校に行けなくなっていたある日、東南アジアの伝統スポーツ「セパタクロー」に出会い、前に進み出します。作者はしんどくて仕事を休んでいた時期をきっかけに、この物語を書き上げました。「逃げるのもアリと思ってもらいたい」と言います。

虹山つるみ（にじやま・つるみ）

山口県出身、広島県在住。中学ではバレーボール部に入るが、部活の厳しさに一度はスポーツを嫌いに。その後、再びスポーツが楽しめるようになり、スポーツ観戦が趣味になる。ウクレレの演奏や絵を描くことも好き。『セパ！』がデビュー作となる。セパタクローは４年に一度のアジア大会の公式種目になっており、昨年夏はインドネシアで熱戦が繰り広げられた。他の作品に『そしてぼくらは仲間になった』（共著／ポプラ社）がある。

主人公の翔《かける》は、なんでも万能な兄と、学校でも家庭でも比べられ、「劣等感」を抱えていました。兄がいるサッカー部を避けてバレーボール部に入ったものの、ここでも先輩にいじめられる日々。あることがきっかけで、学校に行けなくなり、自分の部屋に長期間引きこもります。

〈つらいのは夜だ。眠れない。（中略）保育園からバレー部まで、いろんなことが頭に浮かんで叫びそうになって飛び起きる。家の中は静まり返っている。頭の中を「どうしてこうなった」って言葉がぐるぐる回る。（『セパ！』より）〉

作者の虹山さんも、以前、別の仕事をしていた時、ストレスから体調を崩して職場に行けなくなった経験があり、ひとりで鬱々《うつうつ》としていたそうです。

ある時、気分転換がしたいと考え、小学生の頃、一時期は毎日のように書いていた小説を、もう一度書いてみようと思い立ったそうです。

「物語を書き始めた時は、翔が自分自身のようでした。しんどくて、お休みをして。とりあえずこれでいいんだ。しんどい時は逃げていいんだ、というメッセージを出したかった」

スポーツの話を書きたい…。虹山さんは、物語の題材を探して、セパタクローの動画を見つけました。選手が軽々と飛び上がり、バレーボールのように、ネット越しに足でスパイクを打ち合う「空中の格闘技」とも言われる姿に、「かっけえええええ！　これしかない！」と思ったそうです。

翔も、家族に気づかれないように部屋を抜け出し、体を動かすため公園に通っていたある日、謎の小学生と出会って、セパタクローを紹介されます。「全身の血が沸騰するような」興奮を感じました。プラスチックでできたカゴのようなボールでパスやリフティングの練習をしながら、顔がにやけます。

〈ここにはあいつがいない。何だこの解放感。体が軽い。だれにも比べられずに好きなようにやれるのってこんなに気分がいいものなのか。（『セパ！』より）〉

虹山さんが好きなシーンがあります。ようやく自分の居場所と思えるセパタクローに出会った翔でしたが、また、周りの目を気にして練習に行けなくなってしまいます。ひとりで練習していた時の場面です。

〈リフティングだけでは物足らない。パスがしたい。（中略）なぜ俺はひとりでリフティングをしているんだ？（中略）母親がごみでも見るような目で見るからか？　父親に空気のように無視されているからか？（中略）足元にボールが落ちる。テンとかわいた音がした。どうでもいい。ホントにどうでもいいな。セパタクロー以外のことは、どうでもいい。（『セパ！』より）〉

この後、翔は自転車に飛び乗り、練習場に向かって走ります。虹山さんは「そこからの爽快感。書いていて楽しかった。人の目よりも自分の気持ちを大事にし始めた瞬間だからだと思います」と言います。

セパタクローと出会って、変わっていく翔。コミュニケーションが苦手なのに、仲間を集めるため人に声をかけ、練習場所を確保しようと奮闘します。

「翔は逃げまくるわけです。でも翔を見て、ちょっと『かっこいいな』というか、『これはこれでありだな』と思ってくれたらよいなと」

もともと仕事などで子どもと出会う機会がたくさんあった虹山さんは「私は、子どものうちが一番しんどいと思っています」と言います。

幼い頃の虹山さんは、ときどき、「私って、浮いている?」と感じるような、なじめなさがあったそうです。翔と同じく、万能な兄がいて、虹山さん自身は普通にしているだけなのに周りにがっかりされる、そんな自分にがっかりすることもありました。自信がない時や、失敗した時に、その時の気持ちが頭をもたげてきます。

虹山さんは「周りはつい『がんばりなさい』とか、『もうちょっとやれるんじゃないの?』って声をかけてしまう。でも子ども自身は、みんな必死なんですよね。何も考えてなさそうに見えても、本当は親にはちゃんとほめてもらいたいし、自分は学校でうまくやれているって思いたいから」と話します。

〈翔はややこしい性格ですが、打ち込むものを見つけたらまっすぐなところも、自分の殻に閉じこもるところも、立ち直るのに時間がかかるところも、友だち思いなところも、うまくしゃべれないところも、全部いいところだと思って書きました。（中略）自分のことをすきになったり、しんどい時はにげてもいいんだと感じてもらえたらうれしいです。（『セパ！』あとがきより）〉

物語の終盤、翔はまた過去のトラウマがよみがえり、再び部屋から出られなくなってしまいます。

そんな時、セパタクロー仲間がかけた言葉があります。

〈壁作る前に思ってること言えよ！『困った時は人をたよっててええんよ』ってうちのばあちゃんも言ってたぞ。（『セパ！』より）〉

虹山さんは、翔のような子どもたちに呼び掛けます。「友だちでも、大人でも、電話相談でもいい。信用できそうな人を見つけて、話をして。きっと笑わず、しからず、ただ話を聞いてくれる人が必ずいます。もしがっかりするような答えが返ってきたとしても、少なくとも、人に相談できた自分は、前の自分よりパワーアップしているはずです」

谷本　仰さん

「死ぬな、にげろ」ツイート後に起きたこと…
牧師が語る「#withyou」

2017年8月、「死ぬな、にげろ」というツイートが話題になりました。投稿者は北九州市の牧師・谷本仰さん（@aogoomuzik）です。実際に教会に逃げてきた子もいました。谷本さんがツイートに込めた思いを聞きました。

Twitter：@aogoomuzik

谷本　仰（たにもと・あおぐ）

1963年生まれ、大阪府出身。ヴァイオリニストであり日本音楽療法学会認定音楽療法士。認定NPO法人抱樸（旧北九州ホームレス支援機構）メンバー。日本バプテスト連盟南小倉バプテスト教会牧師。

〈死ぬな、にげろ。9／1が近づく。1年で18歳以下のこどもたちが最も多く自死する日。とりあえず逃げろ、南小倉バプテスト教会へ。朝からクーラーつけてます。飲み物も用意しておきます。誰でも、おいで。待ってるよ。南小倉バプテスト教会：小倉北区弁天町11－19、093－571－5072。（@aogoomuzik谷本仰さんのツイッターから）〉

谷本さんは元ホームレスの方と小中学校、高校、大学をまわり、経験談や「生きてさえいれば未来はある」のメッセージを伝え、子どもたちの自殺防止を目指す「生笑一座」のメンバーです。

そんな谷本さんは、夏休み前後に自殺する子どもが多いことを知りツイートを思い立ちます。その時の気持ちを「居場所がこの世界にもあるということを伝えたかった」と振り返ります。

そして「死ぬな、にげろ」とツイートしました。

このツイートは2万近くリツイートされ、実際9月1日には、教会に何人かの大人たちに混じって、ふたりの若者も訪れました。ピアノを弾いたりおかしを食べたり、ゆっくり過ごして帰っていったそうです。谷本さんは「ツイートを見た人たちが本当に来てくれるかどうかにこだわるのではなく、逃げていいと言う大人がいることも伝えたかった」と話します。

谷本さんは、ツイートに込めた思いを、次のように語ります。

「『死にたい』と思う今を、どう乗り切るかだと思います。死にたいほどつらいことがあっても、後から振り返ると『あの時、死なないでよかった』と思うのではないでしょうか。大事なのは、その思いを受け止める人がいるかどうかだと思います。その『受け止める場所』のひとつが教会であってもいいんじゃないか、と思うんです」

谷本さんは「受け止める場所」づくりについても取り組んでいます。

「『死にたい』と本当に思った時に、知らない場所に来る人はいないんじゃないかと私は思います。普段から知っているところに行くのではないかと」

そのため、谷本さんの教会では、水曜日に地域の人が教会に集まり、一緒にご飯を食べる「水ようごはん」を続けています。食卓を囲む前の2時間は子どもたちの学習支援を含む自由時間。その流れで夕食を一緒に食べるという取り組みです。

「他にも、教会に大人が集まってお酒を飲むこともあります。教会は居場所であり、逃げ場であり、相談する場でありたい」

とはいえ、逃げ込める場が近くにないという子もいるはず。谷本さんは「しんどい子は、近しい人に『しんどい』とメッセージを送ってほしい」と呼びかけます。その上で「大人も『死ぬな』と発信し続けてほしい。少し長く生きている分のことしか話せないけど、そう言ってくれる大人にだまされた気になって、生き延びてほしい」と訴えています。

定時制高校は今…多様化する社会においてその役割は重要性を増している

夜間の定時制高校といえば、少しやんちゃな友達が行くようなイメージがありませんか? 年配の人からは、だいぶ荒れていたという話も聞きます。全国的に夜間の定時制高校は減る傾向にありますが、現在はどうなっているのでしょうか。「ちょっと怖い」と思いながら、取材で何度も通った定時制高校はイメージとまったく違いました。どちらかというと雰囲気は大学に近く、自由でのんびりした感じ。全日制高校だけでなく、定時制高校も進路の良い選択肢ではないでしょうか。(取材/影山遼)

2017年9月、テレビ朝日系の人気番組『アメトーーク!』で「定時制高校芸人」が放映されました。出演者たちを見ても「ヤンキー」っぽい芸人は皆無。現在の定時制高校からは荒れている人たちが消えてしまったのでしょうか。

福井県では夜間の募集を停止する学校が相次ぎ、県内で募集を続けるのは1校だけ

column 3

になっています。県内のある定時制高校の教頭によると、この高校には定時制と通信制があり、さらに定時制は午前・午後・夜間の三つのコースに分かれています。いずれのコースも、基本は4年で卒業できるようにカリキュラムが組まれているそうです。

夜間コースの入学者数はここ数年、ひと桁。4学年全て少人数です。また、2017年の取材時は、最年長が22歳とイメージと違って若い人が大半を占める高校でした。ほとんどが中学校を出てすぐに進学してきた生徒で、中学時代は対人関係がうまくいかずに、不登校だった生徒も多いといいます。

定年後に学び直すといったかつてのイメージとは異なる一方、経済的な理由や社会勉強の観点からアルバイトなどの仕事をすることは推奨されています。働きながら学ぶ生徒は8割強に上るなど、昔の役割も維持したままです。

話を聞いたのは当時、夜間の3年生だった人たちです。担任の教諭は「働きながら学ぶ生徒にとって、定時制高校の役割はますます大きなものになります。人が多いところは苦手という子にも、夜間は必要な存在です」と強調していました。また、教頭は30年ほど前に新卒で勤務したのが定時制高校だったそうで「昔は体を張って生徒に対応することもありました。けれど、久しぶりに戻ってきた定時制高校は穏やかになっていました」と話してくれました。

毎日の授業は午後5時55分に始まり、9時5分まで。授業の前に給食の時間が設けられているのも夜間ならではです。1食350円。この日のメニューではチャーハン・ギョーザ・カボチャのスープ・牛乳などが並びました。誰かが持ってきた野菜の漬物が提供されることも。これがおいしい。その場で調理された〝できたて〟を食べることができます。

学年に関係なく使える食堂では、グループごとにテーブルを囲むことがほとんどで、大学の学食と変わりません。違っているのは、教員陣も同じテーブルで気軽に会話をしながら食べていることだけでしょうか。

生徒たちにはどのような人がいるのでしょうか。3年生の中でも一目置かれていたのが、おしゃれな茶髪の中尾圭佑さん(22)です。中尾さんは中学校を卒業した後、そのまま全

日制の高校に進学しました。けれど、夢中になったのは勉強よりも遊ぶこと。学校の授業に出るには出ましたが、日に日に出るのがしんどくなっていき、16歳になった冬休み明けの1月に、勢いにまかせて高校を退学しました。母親に退学を伝えた瞬間、「出て行け！」と怒鳴られたそうです。このまま家で暮らすには家賃を払わなければならず、遊ぶのにもお金はかかる…。ということで、仕方なく職を探しました。

見つけたのは家の近くのスーパーマーケット。その年の3月、アルバイトとして働き始めました。朝から一日中働く日々。久しぶりに感じたやりがい。仕事を2年ほど続けた努力が認められ、別の店舗への異動を機に、正社員になるよう社長から勧められました。

その時、社長が知ったのが中尾さんが「中卒」だったということ。「働きながらなら、どれだけ時間がかかってもいいから高校に行かせてやる」という社長の言葉で、もう一度高校に行こうと決めました。そして19歳の秋、夜間の定時制に編入。と言っても、退学した前の高校での在籍は1年にも満たなかったため、単位はゼロからのスタートでした。「散々遊んだツケが回ってきました。（前の高校で）単位を取っておくという頭はなかったです」。もちろん前回のような退学は繰り返せません。通信制ではなく定時制を選んだのは、学校に行くように自分を仕向けるためでした。

入学前、高校の評判をインターネットで検索してみました。すると、「夜間に来る人はガラが悪い」と決して良い評判ではありませんでした。ですが、入ってみると拍子抜けするほど落ち着いていました。「コミュニケーションが苦手な子もいますが、いろいろな生徒を受け入れる土壌があるんだと思いました」

入学当初は午前7時にスーパーへ出勤していました。青果部門を担当し、商品の仕入れやカット野菜への加工、陳列も全て自分でやっていました。接客もするし、市場からの電話も受けるなどいわゆる「何でも屋」です。午後5時頃に仕事を終えたら、急いで登校して、給食を食べます。授業を終え、家に帰るのは午後9時半過ぎに。なかなか自由に使える時間はありません。それでも「慣れですよね。慣れるとたいした事ない」と、大人びた表情を見せてくれます。スーパーが休みの日は、趣味の魚釣りに行きます。自分でさばき、刺し身にします。その腕前は、店で出してもおかしくないほどのレベルにまで上達しました。部活動でやっている卓球も大好きで、いくら仕事で疲れていようと参加すると決めています。

家賃や食費として最低でも月2万円を家に入れています。学費を払ってくれているのは母親ですが、「これは出世払いで返す」そうです。ちなみに前に通っていた全日制と変わったことは何でしょうか？　と聞くと「行かされるのと、自分で決めて行くのは違いますから。今はさぼろうにも、さぼれません」と笑います。年下の生徒と接すると、その言動には「常識がないな」と感じることもあるそうですが、よく考えれば自分も前の高校では同じような状況だったため、気づいたことがあれば、その都度伝えているそうです。

定時制での学校生活にも問題は感じていないそうで、しいて挙げれば「夜間は人が少ないので寂しい」と、たまに思うくらい。出席者が少なければ、教員とふたりきりになることもありますが、人がいない分、無理して授業が進む事もないそうです。

「先生は授業の態度もしっかりと見てくれます」

現状、夜間の定時制高校は全国的にも減少しています。文部科学省の２０１８年度学校基本調査によると、全国の定時制高校の生徒数は約8・5万人と、10年前と比べて2万人以上減っています。東京都教育委員会は、都立高校４校の夜間定時制課程廃止を盛り込んだ計画を２０１６年2月に決定しました。担当者は「不登校の生徒や高校中退者向けのチャレンジスクールの増設などで（減った部分を）対応します」と話しています。愛知県では、２０１７年に私立の豊川高校で夜間定時制が88年の歴史に幕を下ろし、私立高校から夜間定時制がなくなりました。

夜間の定時制に特有の給食をやめる動きも出ています。千葉県教委は2017年11月、2018年度から県内の17校で全面廃止する案を発表しました。担当者は「働きながら学ぶ生徒が多かった時代と比べて、ライフスタイルが多様化しています。食事の方法を自らが選択できるようにしていきたいです」と説明しています。

定時制は普通高校だけではない メリットも多い定時制工業高校

withnewsで定時制高校の記事を配信した後、「私自身、現在の高校に赴任して良い意味で大きく変わったと思います」と山形県米沢市の教諭から連絡をもらいました。訪ねてみると、そこは地区唯一の定時制高校で工業高校。そう、定時制は普通高校だけではないのです。

2018年の秋、訪ねたのはJR米沢駅から車で5分ほどのところにある工業高校。連絡をくれた教諭の高橋英路さん（36）が出迎えてくれました。

この学校、以前取材した福井県の定時制高校とは少し雰囲気が異なります。授業の

column 3

始まる2時間前から生徒が登校して、教諭らと雑談しているのです。「先生、俺けん玉うまいんだ」と4年生の男子生徒が誇らしげに語りかけ、高橋さんは「見せてくれよ」と応じます。他にも「先生、車買い替えようと思ってるんだよね」など、「先生、先生」と話しかける声は途切れません。記者にもフレンドリーな生徒が多いです。

学校では、測量などの工業高校らしいこともやっていますが、進学してくる生徒は〝工業高校〟だからというより、〝定時制高校〟だからという子がほぼ全員だそうです。一方、工業を教える実習担当の教員がいるため、普通高校よりも教員の数が多く、3～4人の生徒に対し1人の教員という工業高校ならではのメリットも存在します。

高橋さんは自分のクラスに面白い手法を取り入れています。それは、「philosophy for children」（p4c）と呼ばれるもの。「文明が発達するのは良いことなのか」といった正解のないテーマについて話し合います。意見を共有していく過程を目に見えるようにするため、生徒たちが次々に実際のボールを回して、ボールを持った人が意見を述べます。

あまり自分の考えを述べるのが得意でない生徒のための手法で、対話を重視しています。高橋さんは「あるテーマに『何か質問ない?』と聞いても黙ってしまうことが多い。けれど正解のない問いにボールを回すことで、あまりしゃべらない生徒も発言して良いのだと思うことで、発言の機会を得られます」とメリットを説明します。

この定時制高校で働く生徒は全体の8割ほど。昼であればガッツリ働けるようになっています。ただ、この学校の生徒で正社員はここ数年ゼロ。土木や建築関係で働く人が減り、コンビニで働いている生徒が増加しています。他にもファミレスやスーパーなど仕事は多岐にわたります。高橋さんらも、企業側を年に2回訪問してフォローを実施。「入った時はヒョロヒョロで大丈夫かなと思っても、働いてたくましくなっていきます」

アルバイトで学費を払っている生徒もいます。他方では「仕事を長く続けられる子は学校も長く続きます」と高橋さん。

昨年、高橋さんが引率した卓球部が全国大会に出場しました。出場した5人全員が働いているため、帰ってきてすぐにあるお盆も休めません。アルバイト先ではお盆がかき入れ時だからです。帰った次の日に、高橋さんが近所のコンビニに行くと、昨日まで出場していた生徒が働いていました。

一方、年間150日以上かつ500時間以上働くと、教科書代と給食代の一部が支払われます。続けたら続けたでメリットもあるようです。さらに、「実務代替」という、レポートと夏休みの少しの講義で、就労が単位として認められる制度もあります。

定時制には団結心が強くなる側面もあるようです。定時制や通信制に通う生徒が思いを語るイベントの「生活体験発表会」。ここで、生徒たちは「特別支援学級にいた」「小さい時に施設に預けられた」などといった高橋さんも知らなかった事実を次々に口にします。発表をしていない生徒も「あいつ、そんなことあったんだ」と、クラスメイトの隠れた一面に思うところがあるようです。

こうしたイベントなどから、お互いがお互いの大変さを知っているため、悪口を言い合うこともあまりありません。自分をさらけ出すことができる生徒もたくさんいるようです。学校全体に、本音を言っても大丈夫だという雰囲気が醸し出されています。

他方、一定数ですが、退学してしまう生徒もいます。退学の理由として「仕事で認められて、仕事に集中したいからやめる子が多いです」と高橋さん。それ以外だと、原因はわからずにだんだん無気力になり「少しずつ来ることができなくなる」のだそうです。

高橋さんは生徒に毎月、振り返りを書いてもらっています。特に記憶に残っているのは、不登校だった昔と比べて「あの時とは違う」と書いた生徒や、「今が人生最高の時。卒業したくない」と書いた生徒たち。中学校に行けなかった分、「変わりたい」という思いが強いようです。また、高橋さん自身も「良い意味で大きく変わった」ようで、その真意がわかってきたような気がします。高橋さんは「生徒と距離が近い分、一緒に成長できています。そして、30代というフットワーク軽く柔軟に動ける時期に、こういう学校に勤務できることに幸せを感じています」とまとめてくれました。

工業高校というと、どうしても専門性を身につけるイメージがありますが、地方の定時制工業高校はまた違った側面を感じさせてくれました。

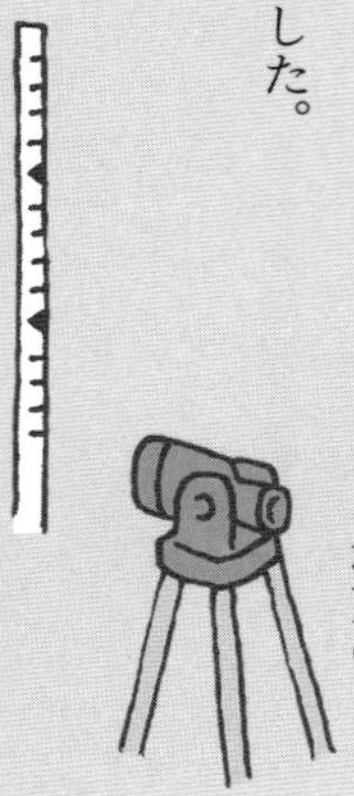

「積極的になれた」「夢が持てた」定時制高校で変わった人生

他の学校の生徒は、どのような思いを抱えながら定時制高校に進学を決めたのでしょうか。それを知りたく、毎年開かれている定時制や通信制の高校で学ぶ生徒たちが思いを語る催しに足を運びました。いじめの対象、友達を失って不登校、自宅に引きこもり…。様々な経験を経てたどりついた学校で新たな道を歩み出した生徒たちが登壇する、その名も「生活体験発表会」。２０１７年10月に福井県で開かれた大会の中から、心に残った体験の一部を紹介します。

１人目は当時、定時制高校の３年生だった男子生徒です。全日制に通っていた時、合唱祭でのある出来事を機にいじめの対象になりました。それが原因で不登校になり、留年してしまいます。同級生の冷やかすような視線に耐えきれなくなり、退学しました。母親の知人に勧められ、就職したのは鉄工所。社長に「高卒という資格は今の時代に必要だ」と諭され、定時制に編入しました。学校と仕事の両立は大変でしたが、年齢が異なるクラスメイトとのたわいない会話に助けられました。「一足先に社会を見られました。そして、多くの人に出会うことができました」と今は前を向きます。

２人目は定時制高校の2年生だった男子生徒。中学校時代に同級生をいじめる側から抜けようとしたことから、いつの間にか仲間に嫌われ、自分がいじめられる側に回りました。友達を失って不登校になり、「人生をやめたいと思いました」と振り返ります。

その後、コンビニの店員を経て、土木関係の仕事に就きました。しかし、どれだけ頑張っても、高校を出ていないと給料は安い。読めない漢字があったり、計算ができなかったり…。「このままではだめだ」と考え、職場の人の後押しもあって、定時制高校に行く決心をしました。働きながら学び続けることで、何事にも積極的に取り組めるようになったといいます。

3人目は3年生だった女子生徒。彼女は中学校時代、自宅に引きこもっていました。ネットに夢中になり、生活は昼夜逆転。母親と取っ組み合いのけんかになることもありました。そんな日々を過ごすうち、中学3年生になると、焦りが。少しずつ気持ちを切り替えることで、学校の相談室にはなんとか顔を見せられるようになりました。「元々頑固。一度決めたことは曲げたくない」。思いを胸に高校に入学してからは、休むことなく、授業を受けています。そうすると、授業の内容が理解できるようになり、自分の中に好循環が生まれました。専門学校に進んで、プログラマーになる夢を持っています。

そもそも取材に行くまでは、定時制といえば夜間のイメージが強かったのですが、取材した福井県の定時制高校の場合、午前・午後・夜間の三つのコースに分かれます。取材時は、午前が最も多く156人、午後は74人で、夜間は4学年合わせて16人しかいませんでした。一方、退学者数は全てのコース合わせて毎年10人ほどにとどまっていました。

午前のコースは8時50分から午後0時10分、午後は0時55分から4時15分、夜間は午後5時55分から9時5分が授業の時間となっています。どの時間帯でも基本的には働きながら4年間での卒業を目指すことになりますが、中には、他のコースの単位もとりながら3年間での卒業を目指す生徒も、1割ほどいます。就職先はサービス業・介護・製造・飲食・自衛隊など多岐にわたり、もちろん4年制大学や専門学校などに進学する生徒もいます。

ほぼ一日を通して授業のある学校のため、教員のシフトも午前8時半～午後5時と午後0時45分～9時15分の2パターンあります。担任でも自分の生徒に会えないこともあるため、午後5時に終わっても、夜間の始まる午後6時頃まで待つことも。取材した3年生たちの担任の教諭は「テレビで見るような生徒同士の殴り合いといったドラマチックな状況は今の高校にありません。ルールは多くない分、自分で全てに責任を持ってしっかりやれる子が求められています」と話します。

定時制は、入学試験の前に一度見学をしないと受験できない仕組みがある学校もあります。希望者は、そこで学校生活の不安を取り除くことができます。卒業までに必要な授業料は全日制より安く、奨学金などの支援も充実しているなど、多様なライフスタイルに対応できる仕組みになっています。

定時制高校には、定時制と通信制の二つのみで成り立っている学校もありますが、他の都道府県を見ると、全日制と定時制が併設されていることも多く、その場合、昼は全日制で夜は定時制という学校が目立ちます。文部科学省の学校基本調査によると、全国的にも定時制が減り、通信制が増える傾向にあるようです。

年齢層が高いイメージのあった定時制ですが、現在は中学を卒業してすぐに進学してくる生徒が（この学校の場合）最も多いそうです。

定時制高校を取材して感じたことをひとつ。自分の時も知りたかったことですが、中学校の卒業後の進路は、全日制が全てではないと覚えておいてほしいです。

全日制で周りに合わせて疲れてしまうことも多々あると思います。一度、社会のレール（とされているもの）から外れてしまうと、人生が終わったというような感じがしてしまうのも10代という若さでは仕方ないかもしれません。しかし、学校は一個しか行けないとは決まっていません。

取材で出会った生徒たちは皆、様々な過程を経て自分から学ぶことを決めた人たちでした。まだ将来何をしたいかわからない。それは全日制の生徒も同じかと思います。そんな中でも、定時制などの学校に通うことで人生の幅を広げられるのではないでしょうか。

髪を染めていても、にらみつけるような顔をしていても、話してみれば普通の生徒たちでした。「定時制の生徒って意外と真面目で学びやすい環境が整っているんだよ」と誰かが教えてくれれば、人生が少し変わる人たちもいるのではないかと感じました。社会って多様な人がいて、ちょっとくらい普通（とされている）人生とは違ってもいいんだよと。記者の地元・福島県でも、中退者が多いという背景もありますが、全日制をドロップアウトした後に定時制へ通って再スタートを切った人は周りにたくさんいました。

それぞれの地域に定時制を維持するのは大変かもしれません。それでも今後も必要とされていく存在なのではないでしょうか。書いていたら自分も勉強したくなってきました。

コルク Books と withnews のコラボ企画

マンガで読む「#学校がしんどい君へ」

「#学校がしんどい君へ」をテーマにした気鋭の漫画家4名の入選作。作者の思いが込められた素敵な作品です。

withnewsでは2018年夏、漫画のSNSを運営するコルクBooksとコラボし、「#学校がしんどい君へ」をテーマに漫画を募集しました。約40作品集まった中から、コジママユコさん(32)の「学校が恥ずかしかった私へ」を大賞に、つのだふむさん(33)の「学校がしんどかったという君へ」、豊倉あきのさん(27)の「君は、おサカナ。」、りゃこさん(28)の「学校がしんどい君へ」をそれぞれ入賞に選びました。

コジママユコさん

Twitter:@cotori9
blog:papersky.hatenablog.com

学校が恥ずかしかった私へ

えー
っていうかもうキスしてたの？
ってかサチエビッチじゃーん
キモー
ありえなーい
アハハハ
ありえなーい
あいつさーこの前ー
あ、LINE来たかな？のポーズ
キンコーンカンコーン
じゃまたあとでねー
あっ！
白石さ〜ん席ごめーん
マジごめーん
アハハ
アハハ…
噂とか悪口とか
私には
大声や早口で交わされる言葉の全て
何を言っているか分からなかった

川上未映子「先端で、さすわさされるわそらええわ」2007年 青土社 102頁

……健康な体を持ちながら……
…こうして、うな垂れながら…
ここに来るしかない
自分のことを思うと 自分を
…殺してしまいたく
なるのです
クラスの子の
言葉は
分からなかったのに
不思議と
本の言葉は
するする
入ってきて
それからは
図書室でばかり
過ごした
結局
三年間
クラスには
なじめなかった

―春
集中授業おしらせ
創作表現論Ⅰ
前期集中・1単位
創作の基本的な方法を学ぶ。最終回には製作した絵本もしくは小説を持ち寄り、合評を実施する。文章表現を用いて感情や情景の基礎的な描写を行うことを目標とする。初学者歓迎!
ガイダンス:4/30 3限〜講義棟101
大学生になった わたしは
思い切って
創作の授業を取ってみることにした
テーマ 子供の頃の自分へむけた絵本
感情体験を書き出してみよう!!
5W1H
5分
はーい アイディアはどんどん出してなー
ダメかな?と思わないで
とりあえずたくさん出す!
冷静に見返すのは後だからなー
図書室
ひとりなのにあんしん

はーい
全員
前に出してー
近いもの
ごとに
分けていこう
ああああああ
なんて
公開処刑
やっぱり
創作なんて
とるんじゃなかった
恥ずかしい…
ドキドキする
苦しい
わたしには
こんなの
ダメだったんだ
お願い
誰も
見ないで
あっ

かぶっちゃったー
図書室
ひとりなのにあんしん
図書室
お気に入りの席にずっといた!
ぴた
あ
あっ
この?
なんかセーブポイントみたいだったんだよね

おどろいた
言い当てられることが
こんなに安心する
ものなのか
帰り道
夕暮れに
浮かび上がる
街路樹が
いつもより
くっきり見えて
なんだか
はじめて
世界が
怖くない
気がしたんだ

居場所のない学校、でも誰にも言えなかった

この作品には、作者・コジママユコさん（32）の体験が織り交ぜられています。高校時代は、派手な女の子ばかりのクラスに居場所がないと感じていました。

「いじめられたとか無視されたというわけじゃないんですけど、とにかく輪に入っていけない。使っている言語が違うとさえ思いました」

ただ、かわいそうな人とも思われたくない。用もないのに携帯をいじっていたと言います。

静かな空間が好きで、その頃もよく図書室へ行きました。「図書室は、何かをしているフリをしなくていい。誰も話しかけてこない場所でしたし」

自分の本音、誰かが受け止めてくれる安心感

授業の間の10分の休み時間をしのぐことだけを考えていたというコジマさん。そんな日々を打開したいと、1年の冬に美術部に入ってからは少し居場所ができたように感じ

たといいます。

「ただ、本音を言える友達はいなくて。今振り返ると、それがしんどかった原因かもしれません」

美術を学びたくて、高校卒業を機に出身地の北海道を出て関東へ。入学直後の講義で、グループに分かれて「アイデア出し」をすることになりました。「こんなアイデアでいいのかな…」と緊張しながら出すと、自分の案が採用されました。

「受け入れられたんだ、認められたんだとほっとしました。そういう経験が初めてだったんです」

本音を伝えても誰かが受け止めてくれるという安心感ができて、大学生活は楽しく過ごすことができました。

コジマさんは事務員の仕事のかたわら、3年前からブログでエッセイ漫画を発表しています。

6月頃からコルクBooksに投稿を始め、事務局から提案される「お題」に合わせて漫画を描いていました。

ただ、今回の「#学校がしんどい君へ」については、「人の命が関わる重いテーマ。描いていいのかな」と悩んだそうです。

あの頃の自分へ「自分の違和感、信じていいよ」

だからこそ「自分に寄り添おう」と考えました。「学校がしんどい」と恥ずかしくて言えなかった、「自意識の地獄」の中で過ごしていた、あの頃の自分に。

コジマさんは言います。

「あの頃に今戻ったとしても、きっとまたしのぐしかないんですよね。でも、自分へ何か言ってあげられるとしたら『大人から言われるお説教のうち、違和感があるものは聞かなくていいよ』ってことかな。

『ろくな大人にならない』とか『○○をやらないと、大人になってから大変だよ』とか。

そんなお説教をたくさん聴きすぎて、がんじがらめになってしまったけれど、今となってはあの時感じた違和感のほうが正しかった。だから、自分の感受性を信じてほしいです」

つのだふむさん

Twitter：@tsunoda_fumm
Link：corkbooks.com/users/tsunoda_fumm

学校がしんどかったという君へ

今戦《や》ってっから

顔を上げられたら苦労しない

いま苦しんでいる10代へ、聞き心地のいい言葉ばかりでは届かない――。作者のつのだふむさん（33）は、『逃げていいんだよ』とか、『弱くていいんだよ』というセリフは、中学時代の僕には効かなかったんです」と話します。つのださん自身、中学生の時にいじめられた経験がありました。

「当初、このテーマに挑むのがおっくうでした。いい風には描けないなと思って。『逃げていいんだよ』とか、『味方はそばにいるから話してみて』とか、『下向いていると地面しか見えないけど、顔を上げたら何かあるよ』というようなものを求められていると思ったんですよ」

「でも、僕はそれに対して、『顔が上がらないんだよ』って思うんです。『上げればあるよじゃなくて、上がらない話をしているんだ』ということが言いたいんです。上げられたら苦労しないよというのがあったから」

「でもそれを言ったら解決しない話になっちゃう。投稿されたほかのマンガは、慰め系というか、正統な作品が出ているから、僕は変化球でいこうと思いました。議論の余地はあるかもと思ってうずうずしていました」

未来は知らない。いまこの瞬間が嫌なだけ

マンガを描く時、当時の自分といまの自分を行ったり来たりしたといいます。

「僕対僕であれば、『お前は将来こういうマンガを描いていける』、『乗り越えろ』って言えるけど、当時の僕には全く届かないと思ったんです。そんな未来は知らない。いまこの瞬間が嫌なだけ。『よし、もっと生きよう』とは1ミリも思いません」

マンガには、SNSを通じて多くの反応が集まりました。

「僕の考えは間違っていないというか、『昔の自分の目に似ている』という共感もあってうれしかったです」

かっこいい主人公になりたかった

つらい時、ドラマや本で励ましや癒やしの言葉を目にしたことはありました。でも、

それで頑張ろうと思ったことはありません。

「僕が癒やされたのはむしろ、主人公が強いものや恐竜が暴れる作品。この世界はやさしいよと言われても嫌なんですよ」

アメリカの俳優、ジェームス・ディーンに憧れていたというつのだ☆さん。映画『理由なき反抗』や『エデンの東』を見て、不良で孤独な姿に魅せられました。ジェームス・ディーンのようなかっこいい自分になりたいと思っていたそうです。

「かっこいい主人公のつもりで学校に行けば周りを倒せる、クールにいけば明日は変われると思って行くんですよ。結局、いつもの情けない自分がいる現実に打ちのめされるんですが。強い人になりたかったので、当時は自分が弱いことを認めるのが一番嫌でした」

受験でリセット、高校リスタート

中学の「ダサい」自分を知る人がいない高校に行きたいと、地元の高校の受験でマークシートをずらして書いて、わざと不合格になりました。自宅から1時間以上離れたところで高校生活を送ります。

「1回リセットして、今度こそジェームス・ディーンになりたいと思いました。このまま同じところに行ったら高校はしんどすぎるってアラートが鳴ったんです。リスタートを切る感じです。でも、長続きはしませんでした。結局、ジェームス・ディーンぶることが『ゆがみ』なんですよ」

「高校では映画の話ができる親友ができました。心を開いて楽しくやれて、いじめられることもなく、創作の道に行くきっかけもできました」

つのださんは、コルクBooksで中学・高校の話もマンガにしています。

「マンガを描くことはエンタメです。スリリングとか、ページをめくりたくなるとか。いまは中学時代のことがおいしいネタになるんです。ギャグマンガに変える。描くことがセラピーみたいになっています。もっとひどいことはなかったかなって扉を開けてみる。ひと通り描ききると、いい人生だと思えるんですよ」

「主人公は自分しかいないので、いかに自分を主人公と認めて、そのエピソードも愛せるか。中学時代の僕は無理ですけど、いまだからいろいろ言えます」

豊倉あきのさん

Twitter：@Ahuroakino08

君は、おサカナ。

あっ
大丈夫?
目が覚めた?
…ここ?
ここは海だよ~
クル
クル
冷たくて暗い?
そんなことないよ!
よぉく見てごらんよ
ユラ…
君はあの〝陸〟から
落ちてきたん
だねぇ
ふーん
…

あの"陸"は丈夫な木々に守られて
美味しいフルーツも楽しい仲間もたくさんいそうだねぇ…
でも君にはしんどかったんじゃなぁい？
ドキッ
ワンッ！
え！？何で失礼なの！？？
ワンッワンワンワン
ふむふむ…『僕は犬だからとっても楽しかった！』…かあ…
そうかなぁ…だって…
君は
おサカナじゃないか…

プカァ〜〜
!!!
君はずっと自分を犬だと思ってたんだぁ〜〜
アハハ面白いね〜
ズーン
ねーコレみて!
僕も昔は君と同じ
〝陸〟にいたんだ
僕も最初魚って気づかなくてしんどかったよ…
ゼェ…ゼェ…
〝陸〟の友達に合わせてネコのふりしてみたり…
家に帰ってきても息がつまってしんどくて……
恵まれているのに〝苦しい〟と感じる自分が大嫌いだった……

でもある時
気づいたんだ…
ザザーン…
あっ
僕は
サカナだってことに
…!!
もちろん
〝陸〟でもう少し
踏ん張れば…
いずれ
体が
慣れて
肺が
できる
かもしれない
けど…
僕たち〝サカナ〟が
〝陸〟の動物の
フリをしても
息苦しく
なっちゃうよね
〝陸〟が
暮らしやすい
生き物も
いれば
〝海〟がいい
生き物もいる
〝群れ〟好きが
いて…
〝一人〟好きが
いる・・

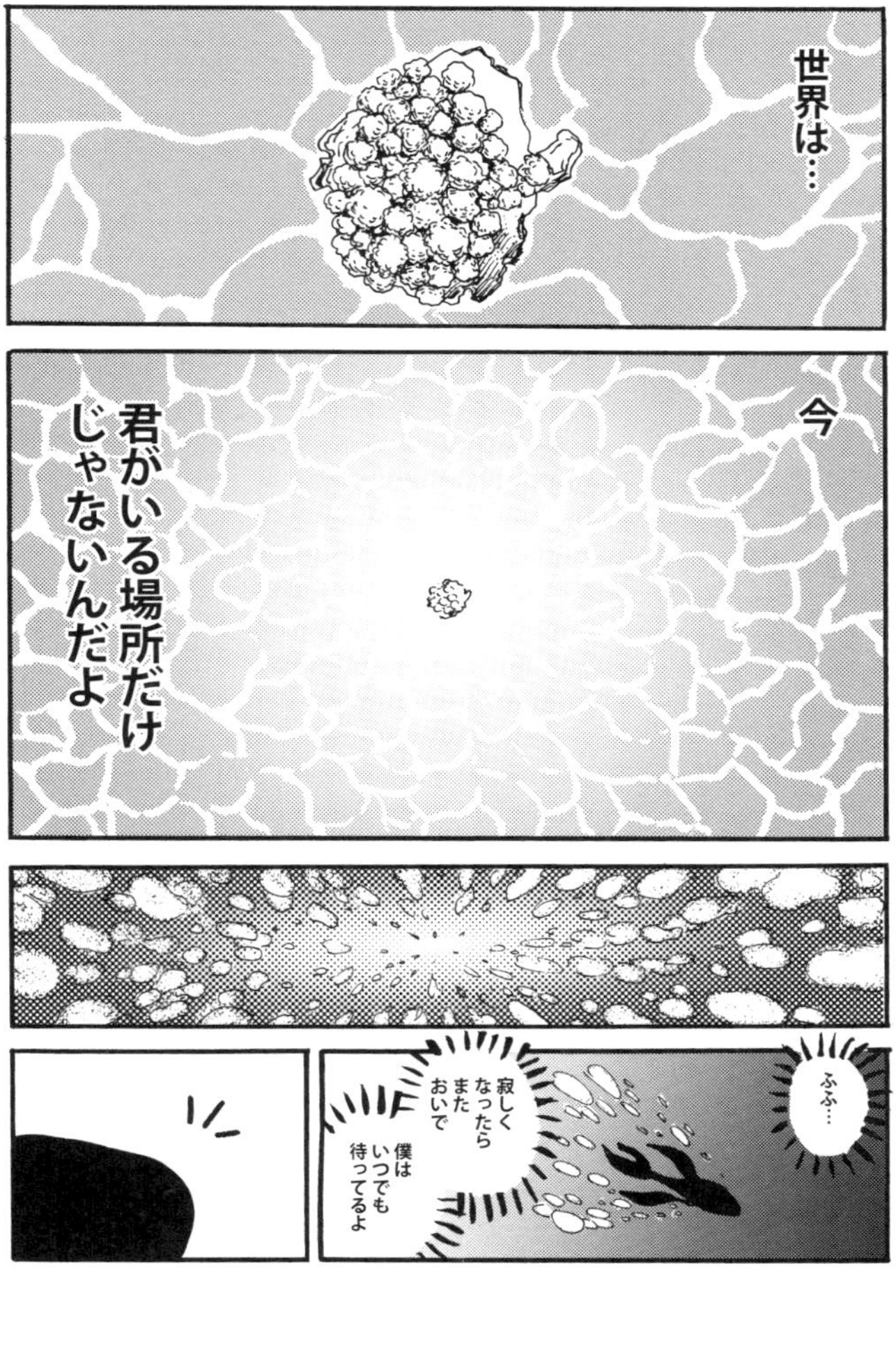
世界は…
今
君がいる場所だけじゃないんだよ
ふふ…
寂しくなったらまたおいで
僕はいつでも待ってるよ

世界は広いから
君の居場所はきっとあるよ――…

学生時代からつけていた仮面

作者は、マンガ家のアシスタントとして働く豊倉あきのさん（27）。学生時代から生きづらさを抱えていて、仮面をつけていたといいます。

居場所を求めて「旅」を続けてきましたが、最近やっと居心地のいい世界にたどり着きました。苦しんでいる子どもたちの助けになりたいと、マンガを応募してくれました。

動物が好きだという豊倉さん。学校は「サバンナ」だったと振り返ります。

「学校は、いろんな環境で育った生物が檻《おり》なしで共存しています。動物園でも檻があるのに、肉食動物も草食動物も一緒です。草食動物が生きづらいと感じるのは当たり前です」

「みんなで群れをつくるのが好きな『ライオン属性』の人といる時は、自分もライオン属性になれば、居づらいと思わずに済むんじゃないかと思っていました。自分を励ます時に、わたしは魚だから陸は生きづらいと言い聞かせていたこともあります」

新しい環境を探し求めた

周りのみんなとなじもうとして、楽しく過ごす自分を演じていた日々。息苦しさをどうにか変えるために、新しい環境を探し求めていました。「受験をして新しい場所に行ったら、自分の居やすい場所があるかもしれないと期待しました」。それでも、居心地のいい場所はなかなか見つかりません。

中学校は女子校。仲間外れにされることもありました。高校は共学になりましたが、男子との関わり方がわからなかったといいます。男子から机に「死」と書かれたこともありました。

「学校が楽しい自分」を演じた

学校に行かないという選択肢はありませんでした。「親に嫌われたくない」という不安があったからです。

小学校から私立だったこともあり、学費のことも心配でした。夜、トイレに行こうと思ってリビングを見ると、学費の話をしている両親の姿が。高いお金を払ってもらっているのだから、楽しく学校に行く自分を見せないといけないと思ったそうです。

「親も楽しくしている娘を見たいんじゃないかと思って、演じちゃうんです。楽しくない自分を見せたら、精神の弱いヤツだと思われて嫌われるんじゃないか。『学校に行きたくない』という負の言葉は言っちゃいけないと思っていました」

家ではベッドの中が一番の居場所でした。

「ふとしたタイミングで死にたいと思ったこともあります。ひと息ついた時とか、学校のトイレとか。学校に居場所はないし、家ではまた『学校が楽しい自分』を演じる。いつまでこの繰り返しなんだろうと思っていました」

ようやくたどり着いた居場所

大学はデザイン学部に進みました。「絵」という共通項がある人たちの中で、評価されたり、仲間ができたりして、少しずつ本当の自分を出せるようになりました。

マンガ業界に進んだいま、仮面を外して話せる「親友」と出会いました。今回マンガを投稿する時も、マンガ家の友達に意見をもらったといいます。常に居場所を求めてきましたが、ようやくたどり着きました。

「いろんな海に行ったから、居心地がいい場所に出会えました。いままでの旅は無駄ではありませんでした。途中で諦めちゃったら、理解者がいることに気づかなかったかもしれません。ずっと合わない環境で無理やり仮面をつけて暮らしていたと思うんです」

「本当の自分を理解してくれる人、情けないところを見せ合っても許せる人は、見つかると思います。今に絶望しないでほしいです」

りやこさん

Twitter：@ryakoko
HP：www.ryako.net

学校がしんどい君へ

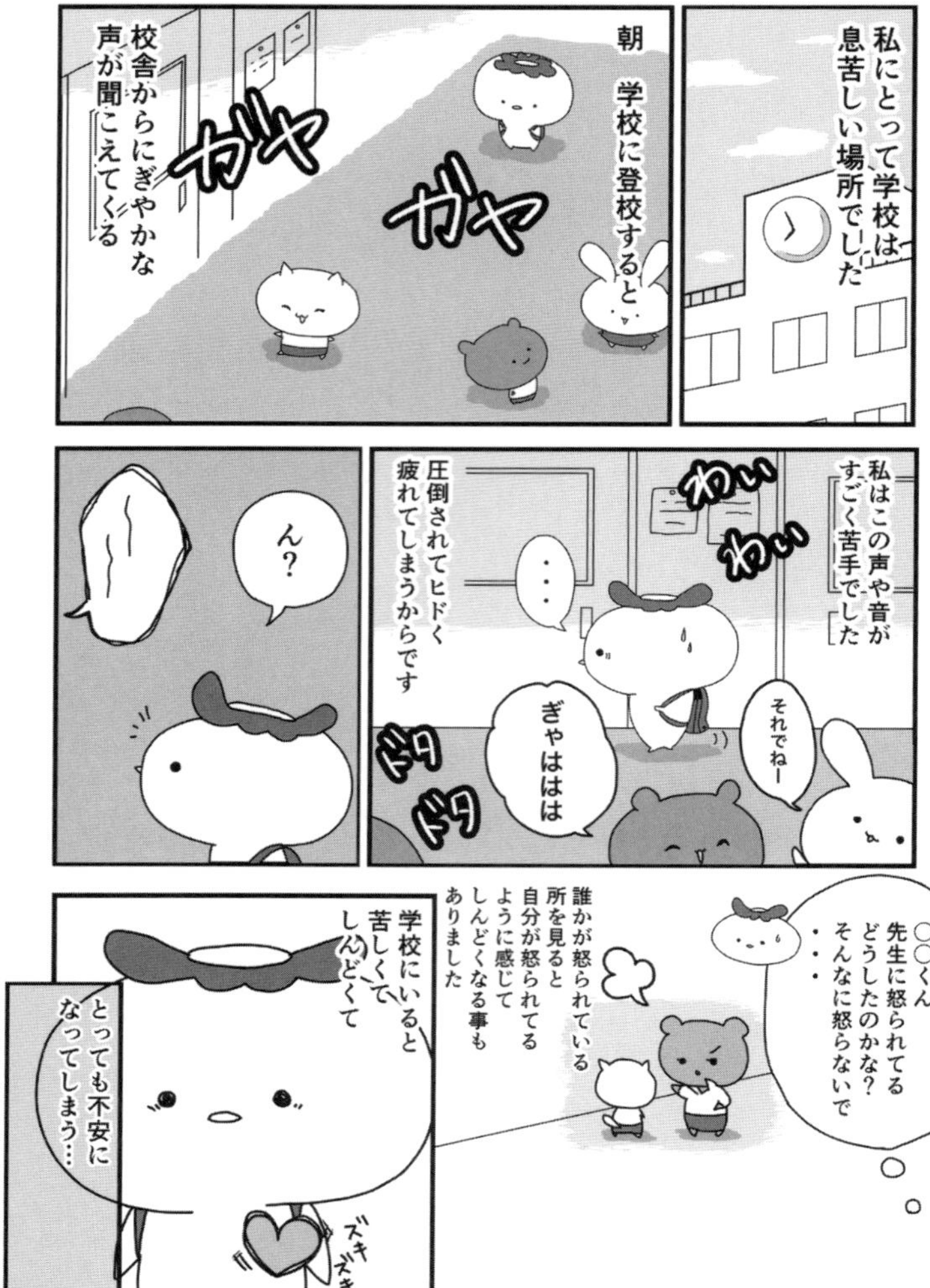
私にとって学校は息苦しい場所でした
朝　学校に登校すると
ガヤ
ガヤ
校舎からにぎやかな声が聞こえてくる
私はこの声や音がすごく苦手でした
わい
わい
・・・
それでねー
ぎゃははは
ドタ
ドタ
圧倒されてヒドく疲れてしまうからです
ん？
○○くん　先生に怒られてる　どうしたのかな？　そんなに怒らないで・・・
誰かが怒られている所を見ると自分が怒られてるように感じてしんどくなる事もありました
学校にいると苦しくてしんどくて
とっても不安になってしまう…
ズキ
ズキ

私はこの後
不登校になりました
親や先生に「なんで学校に行くのがイヤなの？」と聞かれましたが上手く答えられず「わからない」と言っていました
親や先生はみんな困った顔をする
周りを困らせた罪悪感と
みんな困ってるから行かなきゃ
それでも学校に行きたくないという気持ちで心がとても激しく揺れ動いていました
やっぱりイヤ!!
学校に行けない私はダメな子？
なんで行けないの？
休んだこと反省しなさい
学校に行ったらエライの？
お昼からでも来れない？
学校なんて行くのが当たり前なのに
イヤな事から逃げて・・・
どうして学校に行かなきゃダメなの・・・？
不登校は続きました

辛辣な言葉を投げられたり怪訝そうな目で見られたり
自分の居場所がどこにもないような気がして
息が詰まるような日々でした
今思い出しても苦しくなります
そう思うからこそ今やっている事があります
だれ？
未来のあなたです
ふよ
ふよ
未来・・・？
あなたに言いたい事があるんだ
？
当時の自分をセルフケアすること
小さいのによくがんばったね
じわ・・・
これをすると苦しかった過去がじんわり浄化されて
心が救われる気がするのです
辛かったね
心細かったよねぇ
ぽろ ぽろ

学校がしんどい君へ

「不登校の自分を否定しないであげてほしい。一番自分を守れるのは、自分だから」

そう語るのは、「学校がしんどい君へ」という漫画を投稿した、奈良県在住のりゃこさん（28）。「かっぱ」が主人公の作品は、小学1年生から高校3年生まで不登校だったというりゃこさんの体験がもとになっています。

少女が感じた「もう頑張れない」

りゃこさんが「学校に行きたくない」と感じたのは、小学校1年生の時。

学校のにぎやかな音、教室のにおい、友だちを叱っている先生の表情…、どれも自分が攻撃されているようで怖かった、とりゃこさんは振り返ります。

「別の人が怒られているのに、自分が怒られているような気がする。ずっと緊張している状態でした」

ある日、風邪で学校を休んだことをきっかけに「何かがはじけてしまった」と話します。

「もう頑張れない」

今でも「思い出すとつらい」

学校に行こうとすると、頭が痛くなったり、トイレが近くなったり。親に車で学校に送ってもらうも、車から降りられない。迎えに来た先生に半ば無理やり連れ出され、泣きながら見た景色を鮮明に思い出すといいます。

「誰もわかってくれない心細さ、不安…、ふとしたときに思い出すと泣きそうになります」

「ダメなことをしているという意識がずっとあった」というりゃこさん。主人公を「かっぱ」にしたのも、「人間で描くと、当時のことがリアルによみがえってきてしまうから」。大人になっても不登校の頃の罪悪感が、心に影を落としていました。

過去の自分に「大丈夫だよ」

転機は2年ほど前、子どもの頃からお世話になっているカウンセラーの言葉だったといいます。

「これまでの、昔の自分も大切にしてあげてね」

すぐにカウンセラーの言葉を受け入れられた訳ではありませんでした。でも少しずつ、学校に行かなかったことを「自分を守るための行動だったんだ」と、思えるようになったといいます。

「学校に行き続けていたら、さらに追いつめられて、もしかしたら死んでたかもしれない。幼いながらに自分を守ろうと頑張っていた自分を、『大丈夫だよ』と包みこんであげたい、と思うようになりました」

当時の自分を慈《いつく》しむように、りゃこさんは話してくれました。

漫画「学校がしんどい君へ」の最後のシーンでは、大人になったかっぱが現れ「辛かったね、心細かったよねぇ」と、子どものかっぱを優しく抱き寄せます。幼いかっぱはぽろぽろと涙を流すのでした。

「当時の自分救うつもりで」描き始めた漫画

りゃこさんはこれまでも、かっぱを主人公にした4コマ漫画「不登校エッセイ」をツイッターに投稿してきました。不安な思いを投影しながらも、時にはくすっと笑えるような、やわらかいタッチの漫画になっています。

経験を漫画にすることが、心の整理になるといいます。「当時のさみしさが浄化されるような、昔の自分を救うような気持ちで描いています」と、少しはにかみながら話します。

入賞の連絡に「自分の気持ちが他の人の心にどう映るのか、ドキドキしていました」という、りゃこさん。

「不登校の子に、自分だけじゃない、って思ってもらえたらいいなと思います。『学校に行きたくない』という気持ちは、自分を守ろうとしてるのだから、どうか自分を責めないで。自分のことを一番ケアしてあげられるのも、自分だから」

生徒の6割が不登校経験のある高校の教え「共感してあげることが大切」

「教員免許を取った後にこの学校のドキュメンタリー番組をテレビで見て、『こういう学校、面白そうだな』と思って就職したのが私です」。そう話すのは、北星学園余市高校で教員として働いて20年近く、2年前まで教頭を務め、今は学校の広報全般を担当する英語教諭の田中亨さん（41）です。学生の約6割が不登校を経験。やんちゃしていた子、発達障害と診断された子、特待生だった子。そんな子どもたちが心を閉ざしてしまう言葉とは？　子どもたちと日々向き合う先生に「別の道」を選ぶ大切さについて語ってもらいました。

〈北星学園余市高校　１９６５年創立。不登校や高校中退生など様々な事情を持つ子を受け入れてきた。創立当時から勉強に伸び悩む子どもを、88年からは全国から高校中退者の転入、編入を受け入れている。その教育方針が次第に注目され、テレビや新聞でも取り上げられている〉

学校には、不登校の子、やんちゃしていた子、発達障害と診断された子、勉強やスポーツができて特待生として入学したものの、つまずいて転校してくる子、家族との間に葛藤を抱えていてとにかく家から出たい子、非行グループから抜け出すため地元から離れたいという子など、様々な生徒がいます。もちろん年齢層も幅広い。いわゆる現役で進学してくる子は7割強。あとは高校1年の年齢よりも上で、20歳前後の子もいます。

入学当初、やんちゃっ気のある子は、最初は同じやんちゃ同士で友達になっているケースが多いですね。おとなしい子は、半月くらいは休み時間も席を立たず様子を窺っている子が多いです。でも先輩もみんな同じ思いをしてきたので、下宿先や校内でフォローしてくれています。まずは下宿先でつながりができ、次は学校で…という形で徐々につながりを増やしていく感じですね。これまで他人の目を気にしてきた子が、自分の空間や他人との距離感を取りたいように取れる。それがこの学校の特徴かもしれません。

うちの学校では、教師は全員ととことん生徒と向き合います。たとえば深く考え過ぎて言葉が出ない子。「これ好き?」と聞かれて「好きではないけど嫌いってほどでも…」と考え出すと、言葉が出てこない。そういう子とは一緒に考えるプロセスを大事にします。迷いながら少しずつ言葉を引き出していくと、「あ、自分はこういうことを考えていたのか」と、その子が自分の考えと向き合っていけるようになる。誰に話しても理解してもらえない、と心を閉ざす子も当然います。日常生活の中で少しずつ「とっかかり」を見つけて話しかけるのですが、そこで大事なのがひとりの教師で抱え過ぎないこと。人間だから「合う・合わない」は絶対ある。クラス、学年、部活、趣味、下宿先。いろんな単位の集団の大人が少しずつその子に話していくんです。誰かひとりに自分を開示できると、最初はまるで「能面」みたいだった子も、その周りの人や最初に開示した人、似た人にも輪を広げていくんですよ。

子どもと向き合う時はやっぱり、最後までしっかり聞いて共感してあげることが大切だと思います。子どもが話している途中で「わかるけど、それ違うじゃん」とか言ってしまうと、もう台無しですね。関係が近い親ほど、そういうことを言ってしまう傾向があるように感じます。うちの学校の面談でも、子どもに質問しているのに親が答えようとして、「お母さんに聞いているんじゃない、この子だから!」っていうの、多いですよ。親心はわかりますが、まずは意見を聞くのが大事です。

結局、親もひとりの人間なので、自分の人生ベースでしか物事を見られない。自分がどう育ててもらったか、でしか人生を知らない。たとえば「こんな家庭もある、あんな家庭もある」といった生き方のサンプルはたくさん知ったほうがいいですね。最初は首をかしげるようなことも多いでしょうが、自分が普通だと思っていたことが、他人が見ると案外普通じゃなかったりもする。外で悪い仲間作ってやんちゃする子って、もちろんやんちゃが楽しいって子もいるんですが、家の中の関係が悪くて家にいたくなくて外に飛び出すパターンも多いんです。子育ては親がするものだけど、親だけではできないこともたくさんある。それを認めて、誰かの力を借りる勇気が必要だと思いますね。それは親子関係だけでなく人間関係全般にも当てはまるんじゃないかと。

人間って、大人も子どもも、それまでの人生で得た、生き方の拠り所となる「杖《つえ》」を持っていると思うんです。それを突然取られそうになると、どうやって生きていけばよいのかわからない不安に襲われる。だからその杖を手放したくなくて、みんな自分の人生ベースで物事を判断してしまう。大人に自分の杖を取られた結果、子どもは心を閉ざしてしまうんです。けれど、子どもも親もたくさんのサンプルを知れば、新しい杖はいくらでも手に入れることができる。うちの学校に子どもを通わせる保護者にも、ここに来て自分の人生を総ざらいした、という人がいっぱいいます。子どもは、親だけでなくできるだけいろんな大人が関わって育っていったほうがいいと思います。地域のコミュニティ、親戚、子どもに関する施設…。親も子どももいろいろな人生のサンプルを知って、新しい拠り所を作れたらいいんじゃないかなと思います。

嬉野雅道さん

『水曜どうでしょう』ディレクターが語る「自分の人生の主導権を握ろう」

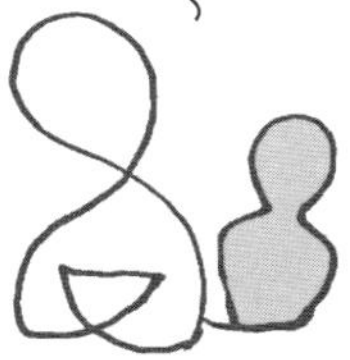

レギュラー放送が終了した後も、幅広い世代の人から支持されている番組『水曜どうでしょう』（北海道テレビ放送）。出演する俳優陣と同じように人気を誇っていたのが、カメラを担当していた嬉野雅道さんです。withnews が２０１８年４月、#withyou の企画を始めた時に、真っ先にツイッターで反応してくださったのが嬉野さんでした。連続ツイートで綴られていたのは、春という始まりの季節独特の高揚感と不安感。嬉野さんが送ってくれたツイートにさらに加筆したメッセージを紹介します。

Instagram：www.instagram.com/uresiinocoffee/
Twitter：@uresiinocoffee
YouTube：www.youtube.com/user/higamelive

撮影：奥山晶二郎

嬉野雅道（うれしの・まさみち）

1959年生まれ。佐賀県出身。『水曜どうでしょう』カメラ担当ディレクター（HTB 北海道テレビ放送）。大泉洋主演ドラマ「歓喜の歌」ではプロデューサーを務める。安田顕主演ドラマ『ミエルヒ』では企画、プロデュースを担当。同ドラマはギャラクシー賞テレビ部門優秀賞、文化庁芸術祭賞優秀賞など多くの賞を受賞した。2019年3月道内放送開始のHTB開局50周年ドラマ『チャンネルはそのまま！』ではプロデューサーを務めている。愛称は「うれしー」。著書に『ひらあやまり』、『ぬかよろこび』（KADOKAWA）、藤村忠寿との共著に『仕事論』（総合法令出版）など。最近はnoteで月刊マガジン『Wednesday Style』をはじめたり、ユーチューバーになったりと、活動の場を広げている。最新情報は、各種SNSをご確認ください。

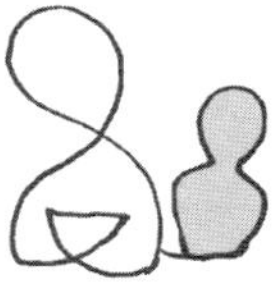

みなさん。春になりました。
嬉野です。

今年は桜の開花が全国的に早かったようですね。
春は異動の季節です。
転勤、転校、新入学、新社会人。
若い人らは希望に満ちて期待に胸を膨らませている時期でしょうか。

でも、そんな時って同時にとても厄介なときです。

なぜなら、期待に胸を膨らませているときってのは、気づかないうちに他人に心を開いて、自分の柔らかい部分を世間に晒《さら》してしまっているときですから、心がそんなに無防備なら指先でつねられただけでも痛いでしょう。

そんならうっかり誰かにつねられたらもうびっくりして、その反動で直ちに心を閉ざし必要以上に周囲の人間が怖くなって、まるでよろい戸を閉ざしたアルマジロのような心になってしまうでしょうね。そうなれば心はとうぶん開くどころか自分の部屋からだって出て来られなくなってしまう、なんてこともそりゃあふつうにあるでしょうよ。

春なのにさ。

ぼくだってそうです。

知らない人たちばかりの中にひとりで入っていくのは億劫《おっくう》です。それはこの先、幾つになっても変わらず億劫だなぁと思うことでありましょうよ。

ぼくは、どちらかといえば毎日判で押したように変わらない日々を過ごしていたいと考える者ですから、転勤、転校どころか、席替えだってして欲しくない。不変で穏やかな場所が担保されて初めて、ぼくはいろんなチャレンジができるのですから。

植物だって穏やかな春が訪れたと思えばこそ花を咲かせるのです。油断して咲いたあとに寒の戻りがあって不意に冷たい風が意地悪に花びらを散らそうとしても、もう冬は去ったと思えればこそ負けじと咲いていられるのです。それはこの地球という星に判で押したように順番の変わらない季節の移ろいというものが担保されていればこそです。

でも、そんな穏やかさが担保されないままチャレンジばかりを求められるようなら、それはまるで不安定な根無し草の人生を強いられるようで侘《わび》しくてたまらず、この星に生を受けた者が辿《たど》る「生きるという仕事」は何ひとつ上手くいかないだろうなと思います。

人間は、なるべくなら、自分が何者であるかなんて何も説明しなくても了解してくれる、そんな人たちがいる場所で生きているほうが幸福なのです。

そして人はそんな幸福な心のときに「いい仕事をするものなのだ」ということも、ぼくはもう知っています。

「あいつ誰？」「何者？」

そんな冷ややかで無慈悲な目を無自覚に向けてくるほど、社会は余所者《よそもの》に対して不寛容です。

でも、同時に社会というものは、恐れることもない場所であるということもまた、忘れてはならない事実です。

というのも、この社会を構成する全ての人は間違いなく、ぼくやあなたのように、怯《おび》えた心という同じ心境を根っこに持って生きているからです。

どんなに余所者に冷ややかで不寛容な人だって、異動でどこか知らない社会にひとりで入っていくはめになって余所者になってしまったら、その瞬間から彼もまた同じ心境になるのです。そうです、条件さえ整えば誰の心にだって「怯えた心」は姿を現すのです。そこには、例外はないという事実を忘れてはならないのです。

おそらく人は、根っこのところに怯える心があるから他人に攻撃をしかけるのです。怯える心がその根から汲《く》み上げられてくるから、自分より分かりやすく怯えている他人を見つけると好んで攻撃をしかけもするのです。だって誰かを攻撃してさえいれば自分が怯える者だという現実は自覚しなくて済みますからね。

人は怯えるからこそ攻撃するし、怯えるからこそ攻撃されもするのです。それがこの社会に生きる、人のありようのように思えます。きっとそうです。

でも、それがぼくらの生きていかねばならないフィールドなのです。

ぼくらは、ここで生きていくのです。

それなら出来るだけ幸福に。
そう考えるのは当然でしょう。

そのためにこれからどうするか。
そこを考え、判断し、行動に移すのです。

そのことの日々を、ぼくは「世渡り」と呼びたいのです。

〈肌を刺す冷たい北風が心に吹いても。突然激しい雨がこの身に降っても。我が身に迫る被害は出来るだけ最小限にくいとめて、少しでも自分が損をしないように、出来れば得をするように、「そのためにぼくは何をしよう。さぁこの先をどう切り抜けよう」

そこを考え判断する。そのことを「世渡り」と呼んでいるという嬉野さん。

「この広い世界を、人は、綱渡りや、つり橋を渡るように用心深く渡っていくのです。だから、世渡りには経験を通して身につけた技術が生きてくるのです」と、言葉を続けます〉

人生はゲームのようなものなのです。それなら楽しく乗り越えて生きたい。そう考え始めるのは自由です。

生き物は、この世界を自分の力で渡っていくのです。それは生まれたばかりの野生の熊や狐の子どものような心境でしょう。

この星で生きていくんだという真剣な気持ちです。
「ぼくはひとりなんだ。ひとりで生きていく」真剣な気持ちはそこに湧き上がってくるのです。

その先で待っているのが勇気です。

生きてやると思えてくるファイトです。

ぼくたち人間だって、この星で生きていく以上、熊や狐の子たちと同じ野生の気構えがなければいけないはずなのです。

熊の子や狐の子がお母さんの真似をして、自分でも狩りを覚えるように、人もまた、やってみて、失敗して、たくさん怪我をするようなことです。

自分にも狩りができる本能があるんだということは、やってみたとき、初めて身をもって知るのです。

それは、あらかじめ、自分に授けられている力があることを知る瞬間です。

多分それが「納得」です。

人生は足していくための道のりというよりは、自分がすでに持っているものに気づくための道のりであるはずと、ぼくは思います。

だからこそ、人生は体験してみないといけないのです。

そんなことを、徒然《つれづれ》に思う今日でした。

この4月、新社会人になったあなた。そして既に社会人となって久しいあなた。でも、どれだけ時間が経とうと、ぼくらの置かれている状況は何も変わらない。老いも若きも、この世界を懸命に「世渡り」する状況は何も変わらない。みんなただ、生まれてからずっと、おんなじこの道を歩いている者たち。
ときに、ひとりで、歩いている者たち。それが、我ら生命の本領です！
なんか、そんな感じ。
この続きはまたどこかで。
それでは本日も、それぞれの持ち場で奮闘されたし。
諸氏の健闘を祈る。

嬉野雅道

〈嬉野さんは10代の後半から20代前半にかけて、鬱屈した気持ちで日々を送っていたといいます。自身の経験があるからこそ、「子どもたちに『こんな風にすればいいよ』とはアドバイスできない」と話します。様々な思いを巡らせながら、あらためて「いじ

め」について語ってもらいました〉

僕にとっての居場所って、自分に「いてもいいよ」って言ってくれる人のそばなんですよね。だから、もしも誰も僕に興味を持ってくれない、話しかけてもシカトされる、そんな場所だったら、そりゃあきついと思うんだよね、大人でも子どもでも。その場所ではやっていけないと思うよ。

いじめられてる時って、なんとなくわかるじゃない？「オレいじめられてるな」って。でも、そう思った瞬間、誰だって動揺して、人間は「一番やっちゃいけないこと」をやろうとするんです。

それは、自分をいじめてる相手と仲良くしようとすることです。変ですね。そんな変なことするでしょうか？ するんです。なぜするんでしょうか？ それは自分をいじめてるやつが、自分と仲良くしてくれたら、いじめられてるという現実をその瞬間から帳消しにできるんじゃないかって思ってしまうからでしょうね。でもこれは罠です。一番やってはいけない。

なぜなら、いじめてくる彼が自分と仲良くしてくれるよう仕向けるなんてことは、どんなにがんばっても僕にはできない。だって、僕をいじめるいじめないを決める判断をしているのは彼ですからね。いじめの決定権は彼に委ねられているのですから。そんなやつとこっちから仲良くしようと努力するなんて自分の人生の主導権まで彼に渡してしまうようなものです。

そんなことをしたらその瞬間から僕の人生は、彼が僕と仲良くしてくれる日を願って待つだけの時間になってしまう。しかも待ってるだけじゃない、いじめられながら待つんです。そんな人生に幸せがあるはずがない。

願ったところで他人はコントロールできないのです。コントロールできない他人に自分の人生の主導権を渡しちゃダメです。だって彼は僕が何も悪いことをしていないのに一方的に疎外してくる相手なんです。だったら「そいつはもう敵だ」ってことです。そう思っていいんですよ。

相手は友達なんかじゃなかったんです。「敵」だったんです。敵とは仲良くしなくていいですよね？　だって敵なんだから。

そしたら次にこう思ってください。「いつかひどい目にあわせてやる」って（笑）。いや、本当にひどい目にあわせなくていいんですよ。敵はおっかないですからね。敵には内緒で、ひとりで心の中で思うだけでいいんです。でも思うだけで主導権は自分に返ってくるんです。不思議でしょ？

もちろん、主導権って言ったって、いじめの主導権や世界の主導権を自分が握れるなんてことじゃなくて、自分の人生の主導権ってだけのことです。でも自分の人生を生きてるのは自分なんだから、車の運転をしてるときみたいにハンドルは最後まで自分で持っていないと。ハンドルは自分で持つ、それが主導権です。

そのハンドルを一時的にでも他人に委ねたら、自分が行きたくないところへ連れていかれるだけの人生になってしまう。そんな人生はきっとハッピーにならないよ、という考え方です。

孤立するのは怖いです。僕だってひとりで生きてなんかいけないって思います。みんなと仲良くしたい。でもね、意味もなく孤立させられるのなら、そんな状況はそもそも「おかしい」と考えてみるべきだと思います。

「人の輪に溶け込めない自分が悪いのかな？」って思ってしまうことは、なんか奇妙な「罠」にはまっている感じがするんですよ。だってその人の輪が、そもそもおかしな状況なら、溶け込めるはずがない。

むしろそこから脱出しようっていう発想が出てきていいはずです。だって人生、命あってのものだから。緊急避難はアリですよ。

脱出したあと道が開けるかどうかは、まぁやってから分かることだけど、でも、家が火事で、もはや火を消してる場合じゃないのなら、とにかく脱出しないと生きていられないですからね。そうやって脱出して、ひとりで何も知らないところに出てしまう。

もちろん僕たち人間は、ひとりだけでは生きていけないし、「ひとり」って不安な言葉です。でも、そういう広いところへ出て、自分はひとりなんだなって身に染みて思うところから、意外に自分の人生が始まるんじゃないかと思うんですよね。

自分の人生の肩代わりをしてくれる人はどこにもいないんですよ。その意味において、人生は、ひとりなんでしょうね。自分の人生は自分でどうにかしなきゃいけないんです。

それに、「自分はひとりなんだな」って思うことがなかったら、人間には真剣な気持

ち も湧いてこないし、勇気も湧いてこないんじゃないかな。

「ひとり」を噛みしめるときが人生の出発点なんでしょうね。そこを振り出しにいろんな道を歩いて、いろんなことを経験していく。もちろん、けがもするだろうけど、でも、それはこの世界では当たり前のことですよ。

そうやっていろんなけがをしながら、誰かと出会いながら、この世界がどうなっているかっていうことを、自分の命の最後の日まで自分の目で、自分の耳で、見て、聞いて、体験していく、それが人生ってものなんだと思います。

「こんなところにはいられない」「自分は奇妙な領域にいる」と思ったら、迷わずそこから出て行く。そうやって、ひとりで生きていこうと決意することを、不安じゃなくて冒険みたいにワクワクできたらいいなと思うんです。

ひとりで生きていくっていう出発点は重荷ではないはずです。むしろ、「ひとりで生きていくんだ」って思ってみたときから、僕らの人生は幸福な人生へと舵をきりはじめる。そんな気がします。

〈嬉野さんが「ひとり」に向き合ったのには、ある出来事がありました。18歳のある日、行きつけの床屋で「間違いない、この頭はハゲる」と言われ、ひどくショックを受けたそうです。翌日の朝、髪の毛が散乱した枕を見て、やっぱり自分はハゲるのだと信じ込んでしまったといいます。それから7年半もの間、引きこもりのような状態だったと話します〉

18歳なのにハゲるっていうのが、僕にはどうしても受け入れられなかったですね。その一番の理由は「これまでの自分ではない自分」という見てくれで再出発しなければならないことに対する恐怖だったんでしょうね。

そのうちだんだん誰にも会いたくなって、そこから引きこもりみたいになってしまったんですけど。でも、そもそも悩みの原因がイジメとか深刻なことじゃなくて、ハゲですからねぇ。ハゲを苦にして死ぬのもねぇ、そうなったらそうなったで世間に笑われそうに思えてねぇ、こりゃ死ぬわけにもいかない。暗い青春でしたね。

当時、『生命潮流』（工作舎）という分厚い自然科学系の本がはやっていました。興味本位で読み始めたら、これが思いがけず面白かったんです。この本を読んで、「この地球という星で生き残ろう、繁栄しようとする人類」という規模、「人類という視点」に想いをはせる動機をもらいました。

そしたら「他人によく見られたい自分」という欲のかたまりから、いったん脱出するための道筋が見えた気がした。

たとえば、サバンナを大群で爆走するバッファローの群れがいるとして。遥《はる》か上空から、その大群を見おろしているようなイメージです。乾季になると彼らは一丸となって、泉を目指して猛烈に走っているじゃないですか。それは生存をかけた大移動です。

人間も個人個人で生きてるだけのようで、もう一方では、この群れのように生存をかけ、一丸となってどこかを目指しているんじゃないのか、そう思えてきたんです。だったら僕も生存をかけて走っている人類の一員なんじゃないのかとも、思えてきて。そんな群れの中の、一頭の個体までぐんぐん視点を降ろしてみる。すると「ハゲたくねぇなぁ」と思い悩んで走ってるバッファローが一頭いた、みたいなね。こいつが勝手に悩んで「ハゲはイヤだし、死のうかなぁ」とか思い悩んでいるわけです。泉に向けて爆走してるってことも忘れて(笑)。

次にまた、その思い悩む個体から離れ、視点をぐんぐん上に戻していくと、バッファローたちの群れが、別の巨大な生き物のように見えてくる。そこまで視点を上げれば「思い悩む個体の想念」は、まったく見えなくなっている。

わかりづらいね、ごめんなさいね(笑)。でも、そのとき気づくんです。僕という個体には、ひとかたまりの群れとして生存しようとする人類のワンピースとしての役割も同時に持たされているんだな、と。

そして、そのことが確認できる視点まで急上昇していけば、思い悩む僕の想念はもうまったく見えなくなっている。それは当時の僕にとって、とても大きな気づき、発見でした。

そんな地球規模とか、人類規模っていう単位で「ハゲる」っていう悩みに向き合ったら、なんだか、だんだん自分の悩みがバカバカしくなってきてね。

そしたら思い悩むのもだんだん面倒になってきて、不意に、もう「ハゲでいいか」って思えちゃったんです。人類という大きな流れの中で自分を見おろしてみたら、ハゲの悩みも、それほど、たいしたことには思えなくなった。
だって、ハゲてる以外、人類的には何の不都合もないんですからね（笑）。

今自分が見ている視点から離れてみる、ということは悩みを解決するヒントになります。例えばね、僕の実家はお寺で、物心ついた頃から、広い境内が僕の遊び場でもありましたから、僕は外へ出ていく必要がなかった。僕は人見知りなので、いつもひとりで遊んでいたし、ひとり遊びが寂しくなかったんです。

それに、そんな僕も、境内に入ってくる知らない大人に会うのは、なぜだか平気でした。それは向こうが僕のことを知ってくれていると思えて安心できるからでしょうね。でも、境内を出て門の外に出ていこうとすると、なぜだかドキドキして。

その気質はきっと今も変わらないんでしょうね。今だって、できるなら知らない人には会いたくない、なんて思う。そんなテレビディレクターはいませんよ、ふつう。

でもね、「水曜どうでしょう」っていう番組にたどり着いたのは、結局、人との出会いがあったからです。

人との出会いは必要ですよ。というか、人生の意味って出会いしかないでしょう。人の輪に入っていくのは億劫だなぁって今も思いながらも、でも、人と出会わないことには幸福にはなれないということも同時に知っているわけでね。そこは長いこと生きてきた経験から思うことですよね。

「じゃあどうするんだ！　人見知りのオレ」って考えていたら、あるとき「あ、そうだ。自分の境内を広げていけばいいじゃん、世界をオレの境内にしてしまえばいいじゃん」って、思いついた。

閉じた自分の世界から「出る」のではなく、自分の居場所を「広げる」という考え方に変えました。自分を取り巻く状況は何も変わらないのに、でも「境内を広げていけばいいいんだ」っていう視点の切り替えだけで、僕は、とても納得がいったんです。その納得は「オレのままで生きていける」んだっていう安心感だったと思います。

視点を変えれば、自分の状況は何も変わらないのに勝手にワクワクしていくんです。そのワクワクは「オレのままで生きていける」んだって信じられるからだと思います。自分が生きてる世界を読み解く視点は、ひとつじゃなかったってことです。

今のままの自分とつながりたいと思ってくれる人が、この世界のどこかに本当にいるんです。生きていれば、いつかその人に出会えるんです。そんな人がいつか自分の前に現れるのが人生だと思うんです。

だから早計に答えを出してひとりで絶望へと向かってしまうのは、どう考えても損だなと、今は思います。

〈取材中は「話すの苦手なんだよね」と苦笑いしていた嬉野さん。取材が終わった後、こんなメールを送ってくれました〉

結局なかなか、子どもさんたちに「こんなふうにすれば良いよ」というアドバイスは、ぼくには出来ないのかなと思いました。考えても思いつかないのです。やっぱりそういうことは本人が自分でたどり着く以外ないようにどうしても思えてしまうのです。

きっとぼくの中で、あるときから習慣づいたことは、どうすればそこから出られるか、といった直接的なヒントやコツのようなものではなく、あの日お話しした、お猿さんが木のうろに入っていた大好きな木の実を見つけて取ろうとして手を入れて摑《つか》んだまでは良かったけど、その手を抜こうとしたとき、木のうろに手を入れたときと違って木の実を摑んだ手がグーになって抜けない。

でもなぜ入った手が抜けないのかの理屈が分からないお猿さんはただただ手が抜けないことに驚いてパニックになる。パニックになるからなおいっそう固く摑んだ手を力任せに何度も何度も引き抜こうとしてその度に手の甲が木にぶつかってケガして血が滲《にじ》んできて痛くて痛くてますます哀しくなっていく。

可哀相にお猿さんには大好きなものを摑んでいるのにその手が抜けないという現実がとうとう理解できない。「お猿さん。手を放せば、摑んでる木の実を捨てたら抜けるよ」と教えてあげてもお猿には言葉が通じないから。お猿はとても哀しい顔をぼくに向けて助けてとばかりにキィキィ泣きながら哀願するのではないか。そんなお猿はそれからどうなるんだろうと思うと考えているぼくの方も哀しくなってくる。

あ。でも、そのお猿の足下に同じく好物のりんごが転がっていたらどうだろう。そしてお猿がそのりんごに気づいたら。お猿はそのりんごを欲しいと思って取ろうとするはず。りんごを取ろうとする行為に移った瞬間、お猿は、無意識に強く摑んでいた手を緩め木の実を手放し、次の瞬間、自発的にりんごを摑んでいるはず。

気づけばお猿は、あんなに抜けなかった木のうろから、知らないうちに無理なく手が抜けていることにそのとき気づく。これが「人間がしがみついたものから逃れる唯一の瞬間なんだ」と思えたとき、ぼくにはそのことがとても大きな発見に思えたのです。

そういえば生き物は、そういった大枠の中で生きているのです。どうしたら目の前にあるりんごに気づかせてあげられるかは分からないけど、りんごのあることに気づけばお猿は誰に教わることなく摑んだ木の実を自発的に手放している。

つまりぼくらもそういうことをする存在に違いないということです。手放すことが目的ではなかったけれど新たに視野に入ってきたりんごを摑もうとする欲求が、りんごを摑むことに集中させるから木の実のことを忘れさせてしまうのです。

だから行為としては「手放した」になるのだけれど、その「手放す」は、あくまでも次なるものを摑むまでの段取りのひとつだったわけです。ぼくらは「摑むためなら手にしたものも躊躇《ちゅうちょ》なく手放す」存在なのです。

そのことに気づいた日から、ぼくは、メンタルに溺《おぼ》れて苦しくなったら、その大枠の中で生きている生命体としての自分を見おろす視点に立とうとします。それはまるで昆虫の行動を観察する観察者の視点です。その視点から自分を見ると昆虫を観察しているとき昆虫の考えていることなんか見えないようにぼくのメンタルもまた見えなくなる。見えないからこそ、ぼくが生命体としてどう行動すべきかを考えることができる。

お風呂から出ない人がいる。その人の心の中は見えない。けれど出てこないのであればそれはお風呂の湯が熱すぎず冷たすぎずで入っていられる湯加減だからです。熱すぎたらその人の心模様にかかわらず湯になど浸《つ》かっていられないからその人は出てこざるを得ないはず。

当たり前の話だと思われるだろうけれど、でもメンタルに溺れているときであればこそ昆虫観察の視点に立ってみなければ、そんな当たり前の事実だって案外自分には見えてこない。自分だって生き物なんだから、昆虫がするような生き物としての反応は同じようにしているはずだ、ということを、「忘れないで」ということが、きっとぼくが言いたいことなんだと思います。

ぼくが経験の中から得たものはそういった昆虫観察の視線を自分にも向けることで、自分以外の誰からも見えはしないぼくのメンタルというものから、ぼく自身が一度離れてみるということです。離れてみれば、そこに、メンタルに関係なく「この地球で生きようとする一個の生命体としての自分」がいることに気づくはず、ということです。

しかし、いったいどうしてぼくらは昆虫と同じように生命体として生きている自分を忘れてメンタルに溺れてしまうのでしょう。それは多分ぼくらが、この世界をぼくら自身でめいめい解釈していかなければならない存在だからです。

この世界がどのようなものとして自分の前に広がっているのか、ぼくらは自分の人生をついやして解釈していかなければならない存在なのです。きっとぼくの人生には、ぼくしか立っていない、ということです。

他に誰もいないのです。ぼくらはこの世界も自分も他人も全部自分で解釈しているのです。他人はコントロールのできない存在だと分かっていながら、いつもそばにいてくれるのなら、いつしかそれは、そのままで慰めとも感じるのです。

そんな奇妙な風景が、そのままぼくらの根元にある孤独なのだと思えるのです。

でも、その孤独は、どうやらこの地球という星で生きようとするぼくら生命体の前提であるようなのです。ぼくらはそんな世界で生きている。ということは、初めからぼくらはそんな世界で生きていける存在だということです。

人生とは、そのことをわきまえた上で、ひとり荒野へ出ていこうとするようなものではないでしょうか。そしていつか、この世界が自分にとってどんなものだったかを語っていくことが大事なことなのではないでしょうか。それぞれが違う世界を見ていることがそのときわかるからです。

語るためには体験をしなければならない。その体験の中には転んで怪我をすることだってあるということです。そして転ぶことも怪我をすることも当たり前のことだと受け入れていくだろうということです。

正解も不正解も間違いもないのです。

だって自分の人生に立っているのは自分だけなのですから。他には誰もいないのです。自分で解釈しながらこの地球で生きていくのです。だから体験することだけが生きている証です。転んで怪我ばかりはしていられないから、なるべく自分に不利益にならないように。そしてメンタルに溺れて苦しくなったら、一度、大枠の視点に立って自分のメンタルから離れて判断してみればいい。

60歳近くなった今、私はますます、私の年上の友人、鯨森惣七《くじらもりそうしち》が絵本に書いていた言葉が胸に響きます。

「ここにきて、ひとりで生きていると　いろんなことと向き合うんだ。子どもの時より
いっぱいケガをして、それで、オレはひとりだぞって　自分に言う、すると真剣な気持
ちがわいてきて、知らないうちに時間がたっていく。」
出典：鯨森惣七「ペ・リスボーの旅・ダラララー」（北海道テレビ放送）

この言葉の中に広がる風景に共感するのです。ここは、真剣な気持ちが湧き上がってこそワクワクしながら生きていける世界なのです。そうだよなって思えるのです。

そんならオレはひとりだぞって自分に言わなければな、と思うのです。そうして、一つ一つ自分の足で乗り越えていかなければなと思うのです。みんなそうなのです。生き

物はこの世界で真剣な気持ちで生きていくのです。そんなふうに考えながらぼくの前に広がる世界をイメージして眺めると少しだけ元気が出ます。

でも、ぼくらは、ぼくらの前に広がる世界へ踏み出していって、結局、その道中に何が待っているというのでしょうか。ぼくらは何のために荒野を渡っていこうとするのでしょう。

それは他人と出会うためです。

あなたはこの世界のどこかで、やがて人と出会うのです。この世界には「あなたは今のあなたのままでいいよ」と、そのままのあなたを受け入れてくれる人が必ずいるのです。

その人にあなたは出会わなければいけない。だからあなたはこの荒野を渡ろうとするのです。

その人は、あなたさえまだ知らない、あなたにできることを教えてくれるのです。あなたが既に為していることを教えてくれるのです。あなたはもう自分にないものを獲得しようとすることも何者かになろうとする必要もないのです。

「あなたは、ただあなたにできることをするためにこの世界に現れたのです」と、そのことに気づかせてくれる人と、あなたはこの世界のどこかで出会うのです。それがあなたの人生の登場人物です。

その人にあなたは出会わなければならない。そしてその人に教えられて、あなたが、あなたに出来ることをし始めたときから、あなたがあなたのままをこの世界に晒して生きはじめたときから、あなたの人生はやっと始まるのだと思います。

人生の幸せはそこから始まるのだと思います。幸福は他人がもたらしてくれるものなのです。だからぼくらは出会わなければならないのです。

じゃあ、どうやったらその人と出会えるのでしょう。それは、生きていくしかないんですよね。生き続けるしかないんです。でも、生きていればいつかその人と出会えるのです。その日のためにきっとぼくらは生きているんです。幸せになるには、その人と出会う日まで生きるしかないんです。

岡　勇樹さん

「仲間もなく、すがれるものもなかった」学生時代を救った「爆音」と妄想イベント

小学校6年生の時に、アメリカから日本に帰国。日本の「みんな同じ」の風潮になじめず孤立し、いじめられ、学校には友達と呼べる友達がいなかった。そんな少年時代を過ごしたNPO法人Ubdobe（ウブドベ）代表理事の岡勇樹さんを救ったのは音楽でした。「陶酔しているものは、その人を救うことがある」。今、好きな音楽を仕事の一部にしている岡さんに「人生の扉の開き方」を聞きました。

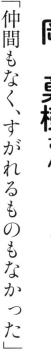

Twitter：@UQ_Ubdobe
Blog：note.mu/uqoka

写真は本人提供

岡　勇樹（おか・ゆうき）
1981年生まれ。NPO法人Ubdobe代表理事。医療福祉系の音楽イベントなどを展開する中で、業界の課題を音楽やアートなどエンターテインメントの力で解決すべく、各種メディアや講演会など日々活動中。

岡さんは小学校5年生までをアメリカで過ごし、6年生からは日本で暮らしています。帰国後に入った小学校では、「みんなが同じランドセルを持っていたことに衝撃を受けた」といいます。音楽の授業でリコーダーの練習をした時も、みんな一緒に同じ曲。アメリカではリコーダーの授業がなく、授業にはついていけませんでした。

日本で感じる「統一感」に、なかなかなじめずにいた岡さん。友達からは「英語しゃべってよ」という「いじり」を受け、「友達と遊んでいても楽しくないな」「日本は嫌だな」と感じていました。

小学校卒業後に引っ越しをしたため、中学は引っ越し先の公立校に入学。当然周りは知らない人ばかり。「学校は24時間のうちの一部。早く終われ」と思って毎日を過ごしたそうですが、孤独感は増しました。ただ、その頃の「孤独感」には感情は伴わず、「嫌なものを嫌だと言っているだけだった」と話します。

しかし、次第に同級生から岡さんに対してのいじめが始まります。「自己表現」だと思っていた孤独は、悲しみの感情を伴う孤独へと変化していきました。陰口をたたかれたり、制服を切られたりしても、「母ちゃんの悲しむ顔は見たくなかった」と、切られた制服の裏からガムテープを貼って着続けるなど、いじめを誰にも打ち明けることはありませんでした。「当時の記憶がほとんどない」と岡さんは話します。

その頃の岡さんは、授業中でも、イヤホンで音楽を聴いていました。「卵の孵化《ふか》装置の中にいるように、音楽のカプセルに入ってじっと耐えている感覚だった」

聴いていたのは、「一緒に歌える感じがよかった」と話すボン・ジョヴィのほか、ヴァン・ヘイレン、スキッド・ロウ、パンテラ…。「僕には現実の世界と音楽の世界のふたつの世界があり、現実の世界は音楽の世界に救われた」そうで、帰宅後も、部屋の中では大音量で音楽をかけていました。

転機は中学2年生のある日、訪れました。

岡さんは学校である騒動を起こし、母親が呼び出されたそうです。それまでも何度か母が呼び出されることがありましたが、この時は事情が違ったといいます。

帰り道、岡さんが「ごめんね」と話しかけても母は無視。母を「傷つけてしまった」

と、後悔の念が押し寄せてきました。

そこからは、学校で起こっている出来事、自分が学校には行きたくないことなど、母には包み隠さず話をするようになり、母も「学校で学べないなら別の場所で学んだらい」と、受験に向けて塾に通うことを提示してくれるなど、「仲間ができた感じがした」と、関係が変わっていったといいます。

「とにかく中学のコミュニティーから抜け出したい」と思い続けていた岡さんは、私立の高校を受験し、合格。中学の同級生たちとは違う道を歩むことになり「やっと抜け出した」と解放された気分でした。

母との関係については「行き詰まった時に『こういう方法もあるよ』と提案してくれたのがよかった」と話します。

高校に入ると、岡さんの音楽好きにさらに拍車がかかります。放課後は毎日のようにレコード店やライブハウスに通う日々。学校では音楽好きの友人もでき、いまでもその友人たちとはつながっているそうです。

ロックバンド〈THE MAD CAPSULE MARKETS〉の『マスメディア』という曲に自分を肯定された経験も重要だったと話します。

曲の冒頭の歌詞〈俺はいつでも無視されお前はいつも権力者〉というフレーズを聴いた瞬間、岡さんは「完全に俺の曲だ」と思ったそうです。

この曲は〈だけどそいつもそろそろ終わりの時が来た様だ〉と続きます。

「この曲に出会った瞬間に、中学で耐えてきたことが全て『やってやったぜ』という感じになった。ここから、今度は俺の番だと」

「クラブ」という「なんじゃこりゃ」な空間を初体験したのもこの頃でした。

自宅近くの米軍基地内に英会話スクールのようなものがあり、そこに行き出したのがきっかけで、米兵の父を持つヒップホップ好きの友人と知り合うことができました。その友人と一緒に東京・町田のクラブに初めて出かけると、「中はまさに爆音。『なんじゃこりゃ』という感じで興奮した」

クラブとの出会いも重なって、ヒップホップやハードコアにどっぷりハマる生活。「中学で音楽の世界に閉じこもっていた環境を『孵化装置』とするなら、高校で完全に『生まれ』て、マイワールドができた」と語る岡さん。クラブやライブハウスなどで盛り上がった観客同士が体をぶつけあったりする「モッシュピット」の中が大好きで、CDについている楽曲の解説冊子「ライナーノーツ」を熟読して楽曲のルーツをたどっていく過程が楽しくて仕方がなかったといいます。「音楽の世界の中では『孤独じゃない』と実感できていた」そうで、その知識をもとに、架空の〝イベント〟を作り上げ、自分の好きなミュージシャンを招いたと仮定してタイムテーブルを作って楽しんでいました。岡さんは「陶酔しているものは、その人を救うことがある」と話します。

初めて現実にイベントを開いたのは大学生だった19歳の頃。いままで頭の中でやっていた〝イベント〟を実現することができ、「なんでもできる！」と自由を感じたといいます。

音楽イベントは現在も続けていて、現在は「SOCiAL FUNK!」という名前で年に一回開催しています。

岡さんは21歳のときにガンで母を亡くし、それを機に医療福祉の世界に飛び込みます。そしていま、岡さんは、医療福祉とエンターテインメントが融合した事業を、自身が代表理事を務めるＮＰＯ法人Ｕｂｄｏｂｅで展開しています。
年一回のペースで開催している「SOCiAL FUNK!」も、２０１７年の開催会場では、会場の一角に手話を使って注文するバーがあったり、視覚障害や聴覚障害の体験をしながらイベントを楽しむコーナーを設けたりしました。孤独を抱えながら、大好きな音楽とともに過ごした中高生時代を振り返り、岡さんは話します。

「学校って、すごくたくさんの人がいて、いろんな人がいろんなことを言ってくる。『自分』対『でかい場所』という感覚で、僕は交わりたくなかった。『みんなで仲良く』じゃなくていいと思う。自分に合うひとりとかふたりがいればよくて、そんな人たちと話すことが僕はすごく楽しかった」

そして、「どんなことでもいいので『これがたまらなく好きだ！』というものを持って、そのことを少しでも表現できると、仲良くなれる人がきっとできる。でも、もし学校に仲良くなれる人がいなくても、世界中のどこかにはきっといるから、絶望しなくていいんだよと伝えたいですね」

小林　凛さん

僕の居場所は俳句だった…
凄惨ないじめを受けた「ランドセル俳人」の今

自分をいじめていた同級生と再会した時、あなたならどうしますか？　「ランドセル俳人」として注目された小林凛さんが、その時の思いを言葉にした俳句があります。先生も助けにならなかった孤立無援の教室の記憶。どんな言葉が出てきたのでしょう？

撮影：奥山晶二郎

小林　凜（こばやし・りん）
2001年5月大阪生まれ。小学校入学前から俳句を始める。9歳の時、朝日俳壇に投句した「紅葉で神が染めたる天地かな」が入選。2013年に『ランドセル俳人の五・七・五 いじめられ行きたし行けぬ春の雨』（ブックマン社）を出版する。

凜さんは今、高校2年生。俳句に出会ったのは、幼稚園の時でした。「五・七・五という17文字なのに、たくさんの考えを盛り込める。自然や生き物に触れられる。今、思うとそんなところにひかれたんだと思います」

凜さんが11歳の時に出版した『ランドセル俳人の五・七・五 いじめられ行きたし行けぬ春の雨』（ブックマン社）は、日野原重明さんが推薦文を寄せるなど話題になりました。高校での生活は「すごく楽しい」と言う凜さん。そこにいたるまでには、想像を超える苦しみがありました。

凜さんは低出生体重児で生まれました。体が小さかったことから、小学校に入った時からいじめられました。自主休校していた時、俳句を朝日俳壇に投句し、9歳で初入選します。小学6年の時に出した句集『ランドセル俳人の五・七・五 いじめられ行きたし行けぬ春の雨』は異例の売れ行きに。中学校は学区外を選びましたが、そこでもいじめは続きます。相談した先生も助けにはなりませんでした。そしてついに「自宅学習」を選びます。

凛さんが受けたいじめは凄惨《せいさん》なものでした。顔や体が腫れ、祖母が「命の危険さえ感じた」というほど。凛さんは、当時を振り返り「その現場から離れることが一番大事」と話します。

「学校に行き続けることだけが正解なのか。大人の考えは本当に正しいのか。不当なものは、はっきり断ることが大事です」

学校と決別した凛さんでしたが、俳句を通して人間関係が広がりました。

「本を出したことで、知らない人から声をかけられるようになりました。すれ違いざまに『応援しています』と、近所の人たちがさりげなく見守ってくれている。そんな受け止め方がうれしいです」

ある日、凛さんは、かつて自分をいじめていた同級生と再会しました。同級生の口から出たのは謝罪の言葉でした。

「今までいじめてごめんなさい」

凛さんはその時の思いを俳句にします。

〈仲直り桜吹雪の奇跡かな〉

なぜ、同級生の謝罪を受け入れることができたのか？　俳句に出会い自分の言葉を形にしてきたことが、凜さんの自信につながったと言います。

「謝罪の言葉を聞いた時、驚きとうれしさがこみ上げました。同級生も、きっとどこかで変われたのだと思う。いじめをやめるだけでなく反省までしてくれたことがうれしかった」

俳句と聞くと、難しい決まりごとや、言葉の知識が必要だと感じるかもしれません。でも、凜さんが俳句を始めた時は「まったくの自己流だった」そうです。つらい思いをしているなら、それを見つめ直してみる。そのためには、今と違う居場所を作ることが大事です。

凜さんは俳句という居場所を見つけました。もちろん俳句じゃなくても、たくさん、居場所はあります。凜さんは２０１８年７月に著書『生きる：俳句がうまれる時』（小学館）を出しました。この本では俳句とそれを作った時の思いを文章にしたためています。「ちょっとわがままを言わせていただくと…今回の本を一番手にとってほしいのは10代の若い人たち」と凜さん。

『生きる：俳句がうまれる時』には、いじめていた同級生と再会した時の思いも書きました。

「今までは、いじめられていた自分の経験を告発したり、訴えたりすることが多かった。これからは自分の思いを呼びかけていきたいです」

春名風花さん

いじめ問題を発信し続ける俳優が「いじめている君へ」「いじめていた私」に関する投稿を読んだら

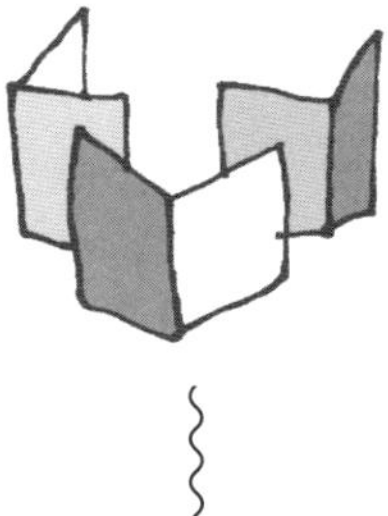

「いじめている君へ」「いじめていた私」。ふたつのテーマで、10代の男女に作文投稿を募りました。被害者からは「君のことを許さない」という苦しみ、恨み。加害者からは「いじめの矛先が自分に向かないようにするためにいじめた」「正義感だった」という赤裸々な告白がつづられています。12歳の時からいじめ問題で発信を続け、絵本『いじめているきみへ』も手がけた俳優の春名風花さん（17）に、投稿を読んでもらいました。

Instagram：www.instagram.com/harunafuka/
Twitter：@harukazechan
blog：lineblog.me/harukazechan/

撮影：越田省吾

春名風花（はるな・ふうか）

俳優・声優。9歳から始めたツイッターが人気。昨年8月20日に絵本『いじめているきみへ』を発売。

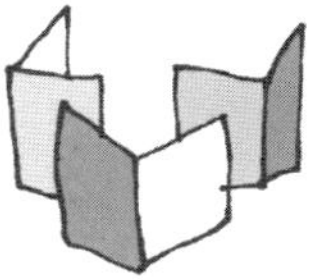

投稿は、昨年7月末から8月上旬にかけて、朝日新聞のサイトで募集しました。高校生向けニュースサイト「高校生新聞オンライン」の協力も得て、15〜19歳まで約20件の投稿が集まりました。

春名さんは、12歳の時に朝日新聞に「いじめている君へ」を寄稿し、大きな反響を呼びました。まず春名さんが注目したのは、「いじめていた私」、つまり加害者たちの投稿でした。16歳の女性からの投稿から（原文ママ。年齢・性別などは自己申告。以下同）。

〈6年前、小学校高学年の頃、私は2人の友達と一緒にいじめをしていました。また、その友達と私の中でもいじめがありました。もっと遡れば、いじめというよりかは嫌がらせ、というのを受けてそのこともずっと覚えています。

随分前のことなので、確かな記憶であるかはわかりません。またこれからここに書くことは、私が誰かをいじめてたことに対する言い訳だと思ってください。色々な事情があろうともいじめたことは確かだからです。

事の発端は、正直自分ではよく覚えていません。友達から聞いたので、合っているかどうかも。友達は、最初私に、あの子のこと一緒にいじめようよと言ってきたそうです。

私は最初断っていましたが、ある時それを承諾したといいます。それから、私は確かに3人でその子の事をいじめていました。

ある時、こんど何しようか？　尖《とが》ってる葉っぱが近所に生えてる、じゃあそれでちくちくしようという話しになって、私は2人の役に立ちたくて、じゃあ私それ取ってくる、と言ってペンの先にツンツンした葉っぱをくりつけたものを次の日持ってきました。それで学校の授業前に3人が呼び出されて「誰が持ってきたの？」と言われました。先生はいつでも、「誰が書いたの？」「持ってきたの？」「やったの？」と、行動した人のことばかり責めます。まるで、行動したその人が一番悪くて、他の人は行動した子に従わせられているんだというようです。

それから私ともう1人でその子に悪口を書いた手紙を送りました。まぁバレないだろうと思っても、やはり小学生のやること、すぐばれました。言い訳にしか聞こえないと思います。私はポストに入れたあと、やっぱりやめようと思って、取り出そうと思いました。友達に先にかえって貰《もら》おうと思いました。でもその子とは家が近いし、「なんで？」と言われるのが怖くて、引き返せませんでした。その事件の時も、先生は、「誰が書いたの？」と言いました。

冬のことです。雪が降りました。雪が少し凍っていて、「危ないので雪を投げるのはやめましょうね」と言われていました。その時も3人でいて、3人とも投げて、ほかの子も投げて、私はいじめていた子の手に当ててしまいました。その子は「痛いよ」と言いました。友達の2人はそれを見て、その子をからかってました。私も「そんな……大丈夫だよ」と言いました。2人がこっちを見ていました。

本当はごめんね、ごめんねって謝りたかった。だけど2人の前でそんなことを言ったら、「なんで謝ってんの?笑」なんて言われてしまう。2人に嫌われたら私は1人になってしまう。怖い。結局私は謝れませんでした。

私と友達のあいだでは、色々ありました。結局本当のいい友達ではなかったのかもしれません。1人の友達はすぐ近くに住んでいるので、今でもたまに会えば仲良く話したりします。「なぜあなたはいじめをしたのですか?」。そう聞かれたなら、私はこう答えます。

「私にはその友達しかいませんでした。話せる子はいましたが、一緒にいつも遊べるような友達がいませんでした。私には好きな人がいました。あの子1人なんだって思われるのが怖くて、その友達とずっと一緒にいるためにいじめにのっていた。いじめが正しい、私は悪いことをしていないなんて1度も思ったことはない」

友達のうちの1人は、ほかの子に「いじめをしたんだ！」と普通に話したり、先生に手紙のことで怒られたあとでも普通に悪口ばっかりいっていました。その子は悪いと思っていない……？　わからないです。

今でもその子のことや自分のした事を思い出して、泣く時があります。その子は普通に接していれば普通に話せる子でした。たまに朝の通学路でも会います。話す機会はあるのに、謝りたい気持ちがあるのに、謝れない。結局謝れない。私は弱い人間です。〉

〈春名さんの感想〉

学校で独りになることって、やっぱり重いんだなと思いました。個人としてどう過ごすかより、グループとしてどう過ごすか。自分の中の正義より、グループの空気として正しいことが優先されてしまう。そしてグループも、より強いグループにいなくちゃいけないんですよね。

だってこの子は、いじめられていた子と友だちになったら、ひとりにはならなかった。それができなかったということは、今のグループの方が強いというか、居心地がいいんじゃないかという思いを捨てられなかったから。

自分の中の正義より、周りから見た、その空気の中での正しいことみたいなものがエスカレートしたんだろうと思います。ただ、この友だち2人も本当にいじめをしたかったのかはわからないなというのが怖いところです。


投稿には、「正義感でいじめていた」という告白もありました。埼玉県の19歳の方です。


〈いじめをした人の言い訳として「そんなつもりはなかった」「遊びのつもりだった」というのがある。皆さんそろそろ聞き飽きた言葉だと思うのだが、いじめている側も大真面目である。少なくとも私はそうだった。

私は小学生の頃に、いじめをしていた。同じ通学班だった男子を猿と呼んで菌扱いし、ランドセルを蹴り飛ばし、班旗で叩いていた。怪我をさせた事もあるし、彼の親に直々に怒られた事もある気がする。申し訳ないが、あまり覚えていない。

ここまで書いておいて信じてもらえないかもしれないが、私は本来暴力を嫌う人だ。

大人にはずっといい子だと言われて来たし、男女問わず友達になれるし、周りの人にはできれば笑っていてほしい。私にとって彼へのいじめはその延長だった。私が彼をいじめる事で、周りで見ている人が笑ってくれるのだ。

いじめをしているというよりは、どちらかというと正義感だった。別に彼に何かされたわけではない。最初のきっかけは私が彼にキツい言葉でツッコミを入れたのを、周りが笑ったとかそんな些細なことだ。それがどんどんエスカレートしていじめになった。少し時間が経って、思い出として振り返れるようになった時に気がついたことだった。

これは特殊な例かもしれないが「誰かに認められるため」「自分を主張するため」にいじめをしている人がいたら、ちょっと冷静になってほしい。きっとあなたは、本当は責任感があって、賢くて、優しい人だ。「いじめること」じゃなくともあなたの魅力を伝える方法はたくさんある。あなたにとって大事なものはなんなのか、いま一度ちゃんと考えてみてほしい。〉

〈春名さんの感想〉

映画監督の内藤瑛亮さんが以前、製作中の映画「許された子どもたち」の出演者ワークショップで、いじめロールプレイングをしていました。10代の出演者たちが、いじめる役といじめられる役を交互に体験するものです。

いじめる役の子たちは、傷つく言葉を言うことが段々大喜利みたいになって、「よりうまいことを言って、みんなを笑わせよう」となって、みんなそれを笑って見ていて。その映像を思い出しました。結局、いじめている瞬間に自覚を持っている子って、少ないと思うんです。

いじめって、承認欲求からきているものもあるのかなと。人を傷つけるというのは、傷つけられた側の人に自分を刻み込むことだと思うし、いじめることで、一緒にいじめをしている仲間にも認めてもらえる。でもそこで得られる承認はすぐ消えてしまうもの。それに、楽しいという感情のうしろに「次は自分がいじめられるかもしれない」という恐怖も一緒についてきてしまいますよね。

いじめられると、自尊心が失われます。いじめられることで、さらにグループに固執するようになって、グループ内でいじめが起きた時に、加担してしまうのかなと思いました。やらなければ、次は自分がやられるという恐怖にとりつかれる。危機回避能力を発揮した結果、いじめる側にまわるというのもあるのかなと。

人を傷つける時に使うナイフって、包丁みたいに持ち手が安全だと思っていたけれど、本当はただの刃で、握っている自分だって傷ついているんですよね。人を不幸にしたという罪の意識は、すごく重いものなんですね。

いじめている瞬間に罪の意識をもっている人って、少ないと思います。学校の中で大事にしていたものが、大人になって大事でなくなった時に、なんであんなもののために人を傷つけていたのだろうという感情につながるのかなって思いました。

「いじめは意識の外で起きている」と書いた人もいました。東京都の17歳の女性です。

〈いじめてた感覚はなかった。それが良いこととは思わなかったけど、それが悪でいじめだとも思わなかった。そこに意識が少しも向かなかった。当時はほんとに罪の意識すらなかった。

でも今は私があの子を傷つけてしまったことは確かだと思ってる。それは本当にいけないことだったし、謝っても許されないことだって思っているし、私がやってしまったことを一生考えていこうと思ってる。こんな文をこうして書くのも私がしてしまった罪を少しでも軽くしたいからなのかもしれない。

私はいじめは意識の外で起こってると思ってる。多分最初はそう。意識の外に「何かやってはならないこと」「制御する大切なもの」が1つでも出てしまえば、いじめが始まるかもしれない。

いじめが進んでから意識の中に大切なものが戻って来てももう遅くて、そこからはもうこんなこと辞めたいって気持ちとやるしかないんだって気持ちでごちゃ混ぜになる。

だから私は先生にいじめのことで呼び止められた時、心の中でちょっとホッとした。〉

〈春名さんの感想〉

これも、いじめた経験があるからこその言葉だと思います。特に小学生の頃って、からかいとの差がわからない時期。自分が持っている石の大きさに気づいていなくて、いじめられている側しかその痛みを感じられない。中高生の方がいじめについて悩んでいるのって、いろんな人と会って、何をすれば相手が傷つくのかを自覚し始めているからでしょうか。

ぼくが『いじめている君へ』を書いた当時も、加害者に対するメッセージって「いじめは犯罪だと教えるべき」という声が多かったんですけど、それだけで抑止力になるのかなという気持ちがぼくにはあって。

少年法であんまり罰されないのは良くないという意見もありますが、ぼくは生きることが、その人にとっての一番の罰なんじゃないかと思っています。ぼくが以前出た舞台で、死刑囚が集められたマンションのお話があります。マンション内の様子は全国にライブ配信されていて、配信を見ている人が「こいつを殺したいな」と思った瞬間に死刑が執行されるという設定です。ぼくがやった役は「どうしたらまともな人間になれる？生きたい！生きたい！生きたい！」と言った瞬間に執行ボタンが押される役でした。罰を与えるなら、こういう罰が一番残酷なんだろうけど、ただそれは、加害者が被害者にしたことと同じでもある。

被害者が罰を望むことは、当たり前だと思う。でも、本当に個人で罰を与えようとしたら、相手を強い力で制圧するしかない。そういうことをした場合、『あなたは救われるのだろうか？』という疑問があります。罰を与えても、あった出来事が消えるわけじゃないし、自分は人を傷つけた、相手と同じことをしたということで苦しむことになるんじゃないか。ぼくだったら、苦しむ。こういう問題ってどう考えても終わりはなくて、いろんな立場から見て、いろんな立場からの正解を見つけるのがいいのかなと思います。

続いては、大阪府の18歳の女性。

〈私はどちらの立場も経験した事があります。いじめられた時はつらく、苦しく、死にたくなりました。食欲も次第になくなり給食もひと口食べて終わるような地獄の日々でした。そしてとうとう不登校になってしまいました。今でもその時の痛みを引きずっていて、私の中では時が中学生で止まったままです。きっとこれからもそうだと思います。いじめは悪い事だと考えなくてもわかるのに当時は生まれたのがただ同じ地域だっただけの同世代の子供達がひとつの学校に集めさせられ、傷つけ合う世界が全てでした。

今いじめている君へ。君が笑っている時、その子は泣いています。君が好きなものを好きなだけ食べている時、その子は食べたくても食欲が無く食べられないでいます。君がゲームを楽しそうにしている時、その子は死ぬ事を考えています。

私は君に怒っています。きっと謝ったら許してくれるなんて思わないでください。これは遊びの一環だと言って自分に都合よく生きないでください。いじめられた子は一生その痛みを背負ったまま生きていくんです。これは元不登校者の悲痛な叫びです。君が変わらない限り私は君の事を許しません。

いじめられている子に明日は当たり前には来ないんです。今日生きる事で精一杯です。君がそうさせているんです。今度は君がいじめられた時どうしますか？どう思いますか？何を感じましたか？きっと自分がいじめていた子の事を考えると思います。〉

〈春名さんの感想〉

絵本『いじめているきみへ』は、加害者の心理を理解したうえで、被害者のことを想像してほしいなと思って書きました。ただ、傍観者のつもりで書きました。被害者の立場とは違う。今回の投稿を読むと、結論は似ているところが、興味深いです。

結論とは、「想像してほしい」という部分。たとえばこちらは、千葉県の16歳の女性です。

〈今の君のこと許さないよ。だけど、君が少し変われば私は君を許せるんだ。

君には絶対に私の痛みはわからない。私には絶対に君の苦しみはわからない。それが普通。「自分がやられて嫌なことは他人にやらない！」って言われて育ってきたけど、そんなんわからないじゃん。君も私もお互いの痛みや苦しみを理解できないから。だけど、想像はできるでしょ？　だから、君には想像する人に変わってほしい。相手の痛みを想像してなかったからいじめてしまったんでしょ？

だから、想像して。相手の気持ち。変わった君なら、私許せるから。変わって。君のために。変わって。私が君を忘れるために。〉

〈春名さんの感想〉

最初に許さないよって書いているのに、少し変われば許せると。いじめた側の気持ちを想像して書いているのかなっていう気もして。人の意識に絶対はなくて、変わることもある。そこに希望を持っているっていうのが、とても…なんだろうな…強い人ですね。


いじめの傍観者をめぐる投稿もありました。北海道の16歳の女性。

〈「傍観者も加害者だ」「見て見ぬふりはいけないこと」。確かにそうである。誰かの言葉で被害者を助けられるかもしれない。だがそんな勇気が誰にだってある訳でもない。「私が止めたら次は私が標的に」。そう考えてしまう人間は多くいる。中には酷いもので「皆やってるから大丈夫」。私の周りにはそんな子もいた。

でも、私が最も許せなかったのは、子供より断然大きな力を持っているにもかかわらず知らないふりをした大人。

だから一つだけ。そんな大人にはならないでほしい。一歩間違えたら人が亡くなってしまう問題だからこそ、少しだけでも手を差し伸べられるような大人になって欲しい。今はできなくてもこれから先、少しでも助けられる力があるのなら貸して欲しい。多くの人が救われるように願う私のために。多くの人の命のために。力を貸してほしい。〉

〈春名さんの感想〉

いじめの加害者は、いじめているとは思っていないと言いますが、傍観者は気づいていますよね。そこが解決の糸口でもあると思います。

ぼくは芸能活動をしているので、他の子とは感じ方が違うのかなと思っていました。

でも、投稿を読んでみて、同年代のみなさんとの差は感じませんでした。どんな生き方をしていても、学校という空間では、あまり差はないんですね。知ることができて、本当によかったです。

いじめられている子にいま伝えたいのは、「朝起きたら『自分はすごい』って叫べ」です。いじめは自尊心を奪います。それに対処するには、自分はすごいって言い聞かせるしかない。

でも本当にすごいんですよ。あなたがいなくなったら、その種は途絶えてしまうわけで。ウナギよりも貴重な絶滅危惧種です。学校は、同じ地域にいる人間が同じ年代ってだけで集められて、ひとつの箱に入れられている。そこでみんなと仲良くなるのは、ほぼ不可能。むしろ仲良くできているのが気持ち悪いレベルです。

ぼくは今、単位制の高校に通っていますが、クラスがないので、とても快適です。そのコミュニティーでうまくハマらなかった時は、「ガチャが外れたな」って思えばいい。「学校ガチャ」です。だって、絶滅危惧種であるあなたを認めてくれないのは、おかしいんです。「なんで他の人は私の魅力に気付かないんだ」くらいに思ってほしい。

そう思うのは難しいかもしれないけど、あなたがひとりしかいないのは本当だから。

ぼくは0歳から芸能活動をしているので、大人とのつき合いの方が多い。大人を見ていていいなと思うのは、自分である程度コミュニティーを選べることです。ポジティブなところでつながった人間は、お互いを認め合える。そういうところに行けるまで、生きてほしいなと思います。

幸せを目指すためなら、ぼくと違う考えでも構いません。いろんな人の意見を聞いて、いろんな人間のサンプルを集めてみてください。『生きていたら幸せになる』というのは、ぼくは違うと思っています。生きていたって、幸せになれない人はいる。ただ、生きていたら誰かを幸せにできるかもしれない。そこに存在価値はある。

だからこの世界にいてほしい。それが、ぼくの願いです。

樹木希林さん

「自分で命を絶つことだけはやめようと生きてきた」
樹木希林さんが若者に送る直筆メッセージ

樹木希林さんは、数々の賞を受賞している大女優ですが、過去のインタビューでは、幼少期は無口だったことや、役者になってからも「全然、必要とされない役者」だったと告白していました。亡くなる直前、「生きづらさを抱える人たちに向けてメッセージを頂けませんか」とお願いをしたところ、がんと闘病しながら、いのちに向き合っている樹木さんからファクスが届きました。「自分で命を絶つことだけはやめようと生きてきた」。記されていた言葉から、樹木さんの思いをたどります。

撮影：村上健

樹木希林（きき・きりん）

1943年東京生まれ。1961年に文学座に入所。
主な出演作は『あん』『海よりもまだ深く』。
2018年9月15日死去。享年75歳

昔からの本を読むと　およそ　同じことを言っている
自殺した魂は　生きていた時の　苦しみどころじゃ　ないそうだ
本当かどうかは　わからないけど
信用している

私は弱い人間だから
自分で命を絶つことだけは
やめようと　生きてきた
こんな姿になったって
おもしろいじゃない

KIKI KILIN 75才（樹木さんから届いたファクス）

ファクスを書いてくれる前、電話口で樹木さんは、次のように話してくれました。

「ずっとずっと考えていて、お返事が遅くなっちゃったの。ごめんなさいね。どうした

昔からの本を読むと　おおよそ
同じことを言っている
自殺した魂は　生きていた時の
苦しみ　どころじゃないそうだ
本当かどうかは　わからないけど
信用している
私は弱い人間だから
自分で命を絶つことだけは
やめようと生きてきた
こんな姿になったって
おもしろいじゃない

KIKI
KILIN
75才

ら伝わるのかしら。本当に無力よね、まったく書けないの」

その向こうに多くの、いままさに苦しんで、悩んでいる若者が実際に見えているかのようで、「どんな言葉が届くのかしら」と途方に暮れた様子でした。

「死に向かっている人間は、考えの中に入り込んでしまって、どうしたら伝わるのかわからなくなっちゃうのよね。国は何か支援をしているのかしら」

一切の妥協をせず、若者へのメッセージに向き合ってくれた樹木さんの口調が突然変わった瞬間がありました。きっぱりと「でも、死んだ後の世界はすばらしい、というふうに、私は捉えていないの」と言ったのです。

「楽になるっていうでしょ。私はいろんな本を読んできたけど、生きている時より大変らしいのよ、脅しみたいになっちゃうけどね」

そこからの樹木さんは晴れ晴れとした声でした。

「じゃあ、今日中にファクスをペラっと1枚送りますから。使うかどうかはそちらで決めて。あとはお任せします。原稿料はいりません」

こう矢継ぎ早に話して、電話を終えてしまいました。そして本当にその日のうちに、筆書きで自画像入りのファクスが1枚、届きました。

樹木さんは、以前、朝日新聞のインタビューに幼少期のことを振り返っています。

〈私の小学校時代を知っている人たちは「あの子が女優？　まさかね」と、さぞ驚いたことと思います。だって、多くの人は私の声も聞いたことがないんですよ。いつも懐手をして、ほとんど口を利かない子だったんです。学校では、みんながいるところから、少し隙間を空けて立っている子でした。端っこから、周囲の人間をよく見ていました。

（２０１８年5月10日　朝日新聞朝刊『語る　人生の贈りもの』から）〉

樹木さんの小学校時代のエピソードがあります。

〈私は何だかモサーッとしていて、運動会でもいつもビリでした。だから6年生の水泳大会ではクロールや平泳ぎじゃなく、「歩き競争」というのに出たの。そんな種目に出る上級生は私だけ。あとは小さな低学年の子たちでした。そんなわけでタッタタッタと歩いていたら、あっという間にゴールして1等賞になっちゃった。そしたら、賞品がね、他の種目と同じなのよ。周りの6年生が「なんだ、こいつ。ずるい」と不平を言ってるのが聞こえました。たぶんこの時、他人と比較しても意味がない、ということを覚えたんだと思う。それは今も続いています。（2018年5月10日　朝日新聞朝刊『語る人生の贈りもの』から）〉

幼い頃は、「学校に行かない日もあった」という樹木さん。役者を目指したものの、はじめは「全然必要とされない役者だった」とも言います。2015年には、不登校のイベントに参加して、子どもたちに贈った言葉が、反響を呼びました。当事者の視点で不登校や引きこもりについて伝える『不登校新聞』が、次のように講演内容をまとめています。

〈新学期が始まる日、まわりのみんなが「おはよう、今日から学校だね」って笑顔で言葉を交わす時、「私は学校に行きたくない」ということを考える気持ち、何となくわかります。

だから思うの、そう思うこと、それはそれでいいじゃないって。

私は小さい時、自閉傾向の強い子どもでね、じっと人のことを観察してた。学校に行かない日もあったけど、父は決まって「行かなくてもいいよ、それよりこっちにおいで、こっちにおいで」って言ってくれたの。だから、私の子どもがそういうことになったら、父と同じことを言うと思う。

それにね、学校に行かないからって、何もしないわけじゃないでしょう。人間にはどんなにつまらないことでも「役目」というのがあるの。

「お役目ご苦労様」と言ってもらえると、大人だってうれしいでしょう。子どもだったら、とくにやる気が出るんじゃないかな。

ただね「ずっと不登校でいる」というのは子ども自身、すごく辛抱がいることだと思う。うちの夫がある日、こう言ったの。「お前な、グレるってのはたいへんなんだぞ。すごいエネルギーがいるんだ。そして、グレ続けるっていうのも苦しいんだぞ」って。

ある意味で、不登校もそうなんじゃないかと思うの。学校には行かないかもしれないけど、自分が存在することで、他人や世の中をちょっとウキウキさせることができるものと出会える。そういう機会って絶対訪れます。

私が劇団に入ったのは18歳のとき。全然必要とされない役者だった。美人でもないし、配役だって「通行人A」とかそんなのばっかり。でも、その役者という仕事を50年以上、続けてこられたの。

だから、9月1日がイヤだなって思ったら、自殺するより、もうちょっとだけ待っていてほしいの。そして、世の中をこう、じっと見ててほしいのね。あなたを必要としてくれる人や物が見つかるから。だって、世の中に必要のない人間なんていないんだから。私も全身にがんを患ったけれど、大丈夫。私みたいに歳をとれば、がんとか脳卒中とか、死ぬ理由はいっぱいあるから。

無理して、いま死ななくていいじゃない。

だからさ、それまでずっと居てよ、フラフラとさ。（2015年8月22日・登校拒

否・不登校を考える全国合宿in山口／基調講演「私の中の当り前」から〉

生きづらさを抱える若者たちに寄り添い、メッセージを発信してきた樹木さん。「無力よね」と考え悩みながら、その姿勢は闘病中においても変わりませんでした。

後日、確認のため電話をしたものの通じず、原稿にしたものを再度ファクスで送ったところ、樹木さんから「何でも好きに使ってください」「ファクスが壊れちゃうから、もう確認もいらないから」と会社に伝言が残っていました。

表現したいことは全て、あの1枚に出し切った。一連のやりとりからは、樹木さんの、そんな思いが伝わってくるようでした。

あとがき

2017年10月、SNSで自殺に関する投稿をした女性らを誘い出して9人を殺害したとされる事件が起きました。これまで、新聞をはじめ様々なメディアは自殺の相談窓口を記事などで紹介してきましたが、事件の被害者には届いていませんでした。報道機関として何ができたのか。悩んだ記者たちが考えたのが、本のもととなった企画「#withyou きみとともに」です。発案者の一人である金澤ひかり記者自身も、高校時代、学校生活に生きづらさを感じていました。

ウェブメディアwithnewsで2018年4月から始まった「#withyou」は、これまでに100本を超える記事を配信し、今も発信を続けています。withnewsは朝日新聞が2014年7月にスタートさせたスマホ世代に向けたメディアです。新聞を毎日、読まない人にも新聞記事を届けたいという思いから生まれました。

新聞のようなマスメディアは多くの人に向けて情報を届けようとするあまり、誰に向けた記事なのか見えにくくなりがちです。「#withyou」では、生きづらさを抱える10代の若者に絞って、その世代の役に立つ記事を発信するよう心がけました。これは、従来の新聞の考えからすると、真逆とも言えるものでした。

ところが、企画は大きな反響を呼び、20代が自分のちょっと前の過去を振り返るコメントを投稿してくれたり、親世代が自分たちが当たり前だと思っていた価値観との違いを発見したりと、結果的に様々な世代が反応をしてくれました。

学校で優秀な成績をおさめ有名な大学に入り一流企業に入れば将来安泰。これまで理想とされていたレールが成り立たなくなっています。一方で、インターネットに限らず、個人のひらめきや行動力で新しい生き方、ビジネスが生まれるチャンスも広がっています。想定を超える反響の大きさの背景には、学校の問題から見える新しい生き方と古い価値観のギャップ、現代社会の課題があったのだと考えています。

では、当初の目的だった10代の若者にどれだけ届いたのか。忘れられないのが、本にも収録しているマンガ家つのだふむさんの作品です。「学校がしんどい君へ」というテーマで作品を募集したコルクBooksとの共同企画に、応募してくれました。

作品では、先輩のようなキャラの男性が、いじめられている男子を「今を乗り越えればこれから楽しいことが沢山あるんだ！」と明るく励まします。それに対してボロボロになった男子は「じゃあ代わってくんね？　こっちは今戦《や》ってっから」とにらみ返します。

作品が届いた時、編集部は静まり返りました。明るく励ます男性キャラが、まるで自分たちのように見えたからです。企画に取り組んだ記者には、長く、若者への取材を続けてきた人間もいました。中学校時代に不登校を経験した人間もいました。それでも、自分たちが書いている記事が独りよがりになっていたかもしれない。つのださんのマンガによって頭をガツンと殴られた気になりました。そして話し合いの結果、つのださんの作品を入賞に選び紙面でも紹介しました。

「#withyou きみとともに」という企画名は、とにかく一人で悩まないでほしいという思いからつけました。その人の悩みを記事で解決することはできないかもしれない。でも、誰かに助けを求める気持ちにはなってくれるかもしれない。そこから、その人にとっての解決の道筋を見つけてほしい。そんな願いを込めました。

普段はウェブを舞台に仕事をしていることもあり、ネットで記事を読んだKKベストセラーズの風間久志さんが提案してくれなければ、書籍化は実現しませんでした。風間さんには、学校図書館など本という形だからこそ届けられる場所があることを、あらためて教えてもらいました。採録にあたっては、取材に協力いただいた、たくさんの人から快く許可をいただくことができました。この場を借りて心からお礼を申し上げます。

悩んでいる子どもの力になりたいという思いから生まれた、この一冊を通して伝えたいのは、たったひと言だけです。

あなたはひとりではない。

withnews編集長・奥山晶二郎

著者一覧

奥山晶二郎（ｗｉｔｈｎｅｗｓ編集部）
影山遼（デジタル編集部）
金澤ひかり（大阪編集センター）
河原夏季（ｗｉｔｈｎｅｗｓ編集部）
神戸郁人（ｗｉｔｈｎｅｗｓ編集部）
小池寛木（大阪編集センター）
滝口信之（東京社会部）
丹治翔（ｗｉｔｈｎｅｗｓ編集部）
張守男（東京社会部）
野口みな子（ｗｉｔｈｎｅｗｓ編集部）
原田朱美（デジタル編集部）
松川希実（ｗｉｔｈｎｅｗｓ編集部）
円山史（東京社会部）
水野梓（東京科学医療部）
山根久美子（大阪社会部）

著者の所属は取材当時のもので五十音順です。
※本書の本文中における日付けや年齢、肩書などは取材当時のものになります。

withnews編集部

〈ｗｉｔｈｎｅｗｓ〉は２０１８年4月から、生きづらさを抱える10代への企画「＃ｗｉｔｈ ｙｏｕ」を始めました。日本の若い人たちに届いてほしいと、「＃きみとともに」もつけて発信していきます。世の中には「しんどくなったら相談してほしい」と願い行動している人がたくさんいるということ、悩みを相談する窓口もたくさんあるということが、悩みを抱えるひとりでも多くの人に届くことを願っています。

●24時間こどもSOSダイヤル
0120-0-78310（なやみ言おう）

●子どものSOS相談窓口
http://www.mext.go.jp/a_menu/shotou/seitoshidou/06112210.htm

●いのち支える相談窓口一覧
https://jssc.ncnp.go.jp/soudan.php

カバーイラスト： iwaki
デザイン： 江口修平（EGG-TEA ROOM）

生きづらさを抱えるきみへ

逃げ道はいくらでもある ― #withyou ―

2019年4月30日　初版第1刷発行

著　者　withnews編集部
発行者　塚原浩和
発行所　KKベストセラーズ
〒171-0021
東京都豊島区西池袋5-26-19
陸王西池袋ビル4階
電話 03-5926-5322（営業）
03-5926-6262（編集）
http://www.kk-bestsellers.com/
印刷所　近代美術
製本所　フォーネット社
DTP　オノ・エーワン

ISBN 978-4-584-13912-7 C0037